Funambules

Charlotte Euzen

Funambules

Le discours politique décrypté

éditions du
ROCHER

Éditions du Rocher
28, rue Comte-Félix-Gastaldi
BP 521 – 98015 Monaco

editionsdurocher.fr

ISBN : 978-2-268-10703-5
EAN epub : 9782268107219

À mes grands-parents, Jacques et Andrée.

Préambule

C'était le mois d'août à Paris. Un été moite et bleu, qui donnait envie de se ruer hors de la ville. J'avais rendez-vous dans une petite rue du 8e arrondissement, dans un immeuble blanc. J'étais en avance, j'ai fait quelques pas. Sur l'immeuble adjacent brillaient trois lettres rouges : RTL. Le numéro 22 abritait le siège historique de l'emblématique radio. Des femmes et des hommes entraient et sortaient, en vestes légères. Ce fourmillement contrastait avec le vide des rues que je venais de traverser. Certains s'asseyaient bruyamment au soleil, choisissant la terrasse étriquée qui faisait face à l'immeuble. Je les suivais du regard.

C'était il y a sept ans. Je ne savais pas encore que ces quelques tables deviendraient aussi mon QG.

Quelques semaines plus tard, je rejoignais un cabinet de conseil en communication et j'accompagnais pour la première fois un client dans les studios. Il venait présenter les résultats de son entreprise, il était l'invité de 7 h 43. Dans les couloirs, nous répétions ses messages, les mots que nous avions choisis ensemble, anticipant les questions pièges. Je lui disais que, d'une interview, il ne restait souvent qu'une impression. Qu'il fallait que ce soit celle de l'enthousiasme et de la confiance. Il s'était installé devant le micro rouge flamboyant, 3-2-1, vous êtes en direct.

J'attendais dans la régie, derrière la grande vitre. L'invité de 8 h 20 était lui aussi arrivé en avance. Un jeune ministre. Il était seul, nous avions échangé quelques mots avant que la programmatrice ne nous rejoigne. Mon client était très vite sorti du studio et m'avait fait un geste signifiant « on s'appelle ». J'étais restée encore quelques minutes derrière la vitre.

Avant l'élan pour la politique, j'ai été fascinée par les mots. Ceux des romans et ceux des discours. Ceux qui sont martelés à la radio et à la télévision. Je les entendais à présent résonner dans le studio : « travail », « valeur », « croissance », mais aussi « civilisation », « courage », « combat du siècle ». Je reconnaissais, comme dans les interviews de mes clients, les silences stratégiques, les pirouettes rhétoriques, la voix qui s'insurge, les aspérités du texte qui ont été travaillées avec les conseillers.

C'était la même journaliste qu'à 7 h 43, mais l'atmosphère, elle, avait changé. L'interview, quand elle devient politique, se charge un peu plus en électricité. Dans le studio climatisé, la mise en scène était avant tout celle d'un rapport de force. Le ministre parlait beaucoup et lentement. La journaliste le coupait, l'interpellait, ironisait. Je les regardais, l'un face à l'autre. Le ton n'était jamais hostile mais le combat indéniable. Je voyais la corne et je voyais la cape. À la fin de l'interview, le ministre accéléra. Il ne restait que quelques secondes pour placer une formule choc. Je me souviens d'une passe d'arme, sans que l'un ni l'autre parvienne à porter l'estocade. Pas de « monopole du cœur » ou de longue anaphore. Mais un moment suspendu où l'interview se joue sur le fil.

Plongé dans l'arène, l'homme politique est un funambule. C'est pour cela que j'écris ce livre. Après plusieurs années à observer ces figures appliquées, ces pas de deux sur le fil, j'ai eu envie de mieux comprendre, et de regarder plus loin que cette danse codifiée que nous donnent à voir les chaînes d'information en continu.

À l'heure où je termine ces lignes, l'irruption d'Éric Zemmour dans la campagne bouleverse profondément les codes de la parole publique et les systèmes de communication politique. Candidat outrancier, radical, mégalomane, qui choisit le rameau d'olivier comme symbole de son parti en écho à la signification de son propre nom en berbère – *azemmur* signifie « l'olive ». Orateur anxiogène qui oscille entre les repères traditionnels – le logo statutaire de son parti ressemble à s'y méprendre à celui du RPR – et les choix inattendus – un slogan à la forme négative, inédit en communication politique : « Impossible n'est pas français. »

Éric Zemmour est à la fois le trublion de cette campagne et un candidat aguerri par sa connaissance des arcanes du pouvoir. On retient de sa candidature la provocation et la vulgarité, sa haine supposée des journalistes, son aptitude à casser les codes pour créer un système de communication nouveau, fondé sur la surprise permanente, l'ultra-scénarisation et le choc des images. Mais c'est aussi et surtout sa signature lexicale qui est à l'origine de sa montée en puissance. De façon sans doute encore plus forte et plus marquée que les autres candidats, Éric Zemmour a su choisir, depuis plusieurs années, des combats, des champs lexicaux et des images. Surtout, il a su s'y tenir. Cette carte lexicologique est aujourd'hui le cœur de sa vision programmatique et de ses discours : la préférence nationale, le rejet des mécanismes européens, la réindustrialisation de la France. C'est aujourd'hui avant tout cette capacité à adopter les images et les exemples permettant de mobiliser, de façon puissante, les imaginaires qui fait d'Éric Zemmour un candidat si singulier.

Il est aujourd'hui inenvisageable de se passionner pour les stratégies d'image et d'influence sans s'interroger sur le choix du lexique, son évolution et la façon dont il traverse – ou non – le bruit médiatique pour atteindre les électeurs. À contre-courant de ceux qui pensent que le discours politique est contingent, que seules les images frappent, il est essentiel de revenir aux mots pour décrypter ensuite quelle est la stratégie choisie afin de les mettre en scène. Revenir aux messages pour mieux comprendre les outils plébiscités et les stratégies qui les soutiennent.

À l'heure d'élire un nouveau président de la République, il me semble indispensable de saisir les mots qui nous sont destinés et les intentions qui les dirigent. Ce livre n'a pas vocation à les recenser de façon exhaustive, mais propose une grille de lecture du discours politique. Et entend rendre visible, aussi, ce fil tendu au-dessus de nos têtes, sur lequel s'aventurent des candidats équilibristes. Il est possible d'être à la fois profondément fasciné par ce spectacle et parfaitement éclairé sur les artifices qu'il requiert. Car en 2022 plus que jamais, notre regard est capté par des dirigeants politiques qui avancent vers nous en équilibre sur leurs mots.

1.
Du bois dont est faite leur langue

L'art du poncif en politique

Au cours d'une performance, il existe toujours un moment durant lequel le funambule accepte de faire corps avec le vide. Au sein du discours politique, ce moment correspond très exactement à l'usage de la langue de bois. La langue de bois irrigue le discours politique, transcendant les générations, les sujets et les partis. Elle consiste en la maîtrise d'artifices de langage qui permettent de dissimuler la pensée de celui qui y recourt, pour mieux infléchir celle des autres. La langue de bois vit aujourd'hui à travers les formules toutes faites, les affirmations creuses, les questions rhétoriques, les approximations, les métaphores vides de sens, les tautologies, les mots faussement savants qui impressionnent ou ceux innocemment légers qui créent une illusoire proximité. Si elle pouvait autrefois donner l'illusion de la supériorité intellectuelle et de l'engagement, elle est aujourd'hui mieux identifiée par l'opinion comme outil de manipulation. Au-delà de leur programme, c'est la capacité des politiques à lire le monde contemporain et à le dire, à leur façon, qui est scrutée à la loupe par les électeurs. Alors, pourquoi la langue de bois ?

La langue de bois, tout d'abord, simplifie. L'accessibilité du discours est un enjeu majeur, quand on sait que le français du quotidien compte seulement entre 3 000 et 5 000 mots. Selon le linguiste Alain Bentolila, environ 10 % des Français n'utilisent même au quotidien que 500 mots. La langue de bois permet dans ce cadre d'intégrer au discours politique le plus de mots et de formules compris de tous : « Les coureurs, lorsqu'ils font la première étape, c'est généralement avant la deuxième. Et lorsqu'ils font la deuxième étape, ils continuent de tendre vers le but initial, c'est-à-dire celui de la victoire[1] » à l'image de cette métaphore cycliste que François Mitterrand utilise pour rassurer les Français après un début de mandat compliqué.

Cette simplification à l'extrême permet de résumer les idées dans une langue succincte, mais entraîne un appauvrissement réel du langage et sa principale dérive : celle de rendre creux et caricatural le discours politique. Donald Trump en est un exemple typique : « *Our country is in serious trouble. We don't have victories anymore. We used to have victories, but we don't have them. When was the last time anybody saw us beating, let's say China, in a trade deal?*

1. François Mitterrand, printemps 1982.

I beat China all the time. All the time.[2] » Tout au long de sa campagne, puis de son mandat, le président Trump a ainsi usé d'une syntaxe extrêmement simpliste et clivante, en rupture avec le statut de président des États-Unis qui implique éloquence et protocole, y compris envers des adversaires politiques et économiques. Ses prises de parole sont ainsi caractérisées par une élocution morcelée, des phrases courtes et par l'usage de très nombreux adjectifs permettant de porter un jugement – toujours manichéen – sur les personnes et les évènements. Ces phrases succinctes, simplifiées à l'extrême, sont justifiées par ses équipes comme le reflet d'une prise directe sur le réel – en opposition aux discours jugés pompeux et déconnectés de ses prédécesseurs. Enfin, cette grammaire trumpienne est également une façon de transgresser le discours officiel et le politiquement correct qu'il exècre.

Avec une portée très différente, la grammaire de Nicolas Sarkozy a également beaucoup interrogé sur sa stratégie de communication. Pendant la campagne, le candidat mettait ainsi en scène ses écarts de langage et ses dérives grammaticales comme autant de signes de sincérité et de proximité : « Qu'est-ce que je m'aperçois ? On fabriquait 3 200 000 automobiles sur le territoire français en 2004, on en fabriquait plus que 2 100 000 en 2007[3]. » Le même jour : « Vous savez dans la crise… (Silence) y a beaucoup

2. « Notre pays est gravement en danger. On ne remporte plus de victoires. On avait l'habitude des victoires, mais y en a plus. C'était quand la dernière fois qu'on nous a vus gagner – disons, contre la Chine – pendant qu'on faisait un contrat commercial ? Moi, je gagne contre la Chine à tous les coups. À tous les coups. »

3. Visite de l'usine Alstom d'Ornans, dans le Doubs, le 17 mars 2009.

de gens qui perdent leur sang-froid. Surtout parmi les élites. (Silence) C't'une grande caractéristique. (Silence) On se demande parfois, plus y z'ont fait d'études… (Silence). […] Mais franch'ment, par moments, on s'demande c'est à quoi ça leur a servi toutes ces années pour avoir autant de mauvais sens ! » Cette prise de parole étonnante avait bien sûr suscité plus de commentaires sur la forme que sur le contenu exprimé. Un candidat à l'élection présidentielle doit-il participer au nivellement par le bas du discours politique, au point de sacrifier la grammaire et la langue ? Cette stratégie de la proximité lexicale – aux frontières du populisme –, peut-elle devenir le mode d'expression normalisé de la parole publique sans créer une profonde désacralisation de l'homme d'État ? Il semble également extrêmement complexe de faire cohabiter dans un second temps le candidat à la parole crue et le président élu à la parole institutionnelle.

La langue de bois atténue, ensuite. Elle joue dans ce cas le rôle d'un bémol politique. Elle permet l'usage de tout un nuancier permettant de ne pas crisper l'opinion publique. Les « plans de sauvegarde de l'emploi » ne sont souvent rien d'autre que des plans de licenciement. La « grogne sociale » cherche à masquer l'exercice du droit de manifester et de celui de grève. L'« ouverture du capital » est avant tout un processus de privatisation. Sous l'édulcoration du langage, la réalité de ce qu'il recouvre n'en reste pas moins brutale, mais la perception qu'en a – pour un temps – l'opinion reste sous contrôle.

La langue de bois, surtout, raconte. Elle est aujourd'hui un outil de contournement par le *storytelling*. Aux questions pièges et attaques virulentes, elle répond exemples concrets, anecdotes et pirouettes rhétoriques. La nouvelle norme est celle du « parler vrai » : non pas tant pour dire la vérité que pour « parler aux Français ». Pourtant, le « parler vrai » ne s'est pas imposé comme un antidote à la langue de bois, mais plutôt comme une nouvelle déclinaison, parfois plus insidieuse encore. Surjouer la transparence, l'authenticité, n'est-ce pas aussi travestir sa pensée et son discours ? Les débats politiques, lorsqu'ils se complexifient, emmènent systématiquement leurs protagonistes au même point, celui de l'anecdote, de l'exemple. Raconter une histoire, c'est garder son auditoire captif, lui montrer à quel point on le connaît et on le comprend. C'est ouvrir une séquence qui permet de préempter une autre tonalité, plus personnelle. C'est surtout systématiquement le seul moment que l'on retient d'une interview. Dès lors, la langue de bois qui raconte, celle qui décrit, qui illustre est de loin un des outils de communication les plus performants dont disposent aujourd'hui les décideurs.

En dépit de son indéniable efficacité lors d'une campagne, l'usage de la langue de bois est évidemment systématiquement nié en bloc par les décideurs politiques. Si Jean-François Copé affirme y mettre un terme dans son essai *Promis, j'arrête la langue de bois*, sa campagne de médiatisation, en pleine réforme du CPE relève de la mise en abyme : invité sur la thèse de son livre, ses interviews sont pourtant un exercice assumé de langue de bois dans un contexte de grandes tensions politiques. Ne bannit pas la langue de bois qui veut. Plus près de nous, l'essai de la journaliste Anne Saurat-Dubois, *Profession : paratonnerre – Quand les porte-parole du gouvernement s'expriment enfin sans langue de bois*, met l'accent sur l'obsession des politiques de s'en départir, sans toutefois y parvenir tout à fait, y compris dans un exercice aussi codifié que la conférence de presse.

La langue de bois, dernière bouée de sauvetage

Un des *leitmotivs* de la communication est traditionnellement celui de la répétition. Pour ancrer une idée – et surtout une formule – dans les esprits, il s'agit de la rabâcher à l'infini. La démultiplication des canaux – presse écrite, médias, réseaux sociaux – rend pourtant aujourd'hui cet exercice de répétition déraisonnable et improductif. Le discours ne s'enracine pas, la répétition à outrance le vide de sens et transforme les formules en clichés. On devine sans peine la fin de la phrase à son commencement. Pas de suspense, de surprise, d'originalité. Autorité, solidarité, responsabilité, durabilité, résilience : les mots-valises se bousculent. Pris en défaut sur leur sincérité par des lecteurs et des auditeurs aux sens désormais aiguisés, les hommes politiques sont de plus en plus contraints de sortir de leurs éléments de langage, au risque de dévoiler leurs failles et leur vulnérabilité.

Abandonner la langue de bois revient à sauter dans le vide. Fendre l'armure, utiliser les mots qui sont vraiment les siens, dévoiler un peu de son environnement social, de son histoire familiale, de son ancrage territorial. Emmanuel Macron emprunte à sa grand-mère les fameuses « carabistouilles » et la « poudre de perlimpinpin », Jean Castex à son terroir du Sud-Ouest des expressions imagées comme « croque-mémé », Édouard Philippe au vocable militaire le

« bololo » des Gilets Jaunes. Pourtant, ces exemples restent l'exception, celle d'un langage spontané et décrispé, qui n'est pas la norme du discours politique. Ces mots sont d'abord ceux de la sincérité de la parole, même s'ils sont aussi prononcés pour marquer les esprits. Le discours politique gagnerait pourtant à emprunter aux mots du quotidien, ceux qui permettent de saisir pleinement la personnalité et les idéaux de l'homme qui les prononce. Ainsi, celui qui parvient à imposer son propre sens de la « laïcité », de l'« Europe », ou de la « République », avec une carte lexicologique originale, inédite et qui lui est propre, est sans aucun doute le plus écouté. Les mots de la politique vivent aujourd'hui par les qualificatifs qu'on leur adjoint. C'est cette précision apportée qui leur permet de sortir de la langue de bois pour intégrer celle des idées.

L'effet Yann Barthès sur les éléments de langage

L'inventaire perpétuel des éléments de langage des dirigeants politiques ne date pas d'hier. Pourtant, depuis quelques années, on perçoit un « effet Yann Barthès » sur le discours politique qui donne un écho nouveau à ce décryptage permanent. « À l'Élysée, on le décortique. À Matignon, on le rate rarement. À l'Assemblée, il amuse ou horripile. Mais tout le monde le regarde. “Le Petit Journal” de Yann Barthès est désormais le nouvel épouvantail du pouvoir » assurait déjà *Le Parisien* en 2009[4].

4. « Yann Barthès, le nouveau poil à gratter des politiques », *Le Parisien*, 20 novembre 2009.

Ce succès tient sans doute à trois éléments : un style décontracté et branché qui séduit les jeunes urbains CSP+, un exercice assumé de déconstruction de la communication politique et la recherche de l'humour qui fait mouche.

Cette émission, souvent qualifiée d'*infotainment*, prend une place de plus en plus importante sur la tranche du soir, pourtant déjà occupée par l'émission « TPMP » de Cyril Hanouna, « C à vous » et les 20 heures traditionnels. En proposant un format long – quinze minutes de temps de parole pour une interview –, et en garantissant une audience importante et fidèle à 20 heures, l'émission est devenue au fil du temps un « *must-have* ». Plusieurs patrons du CAC 40 se sont ainsi succédé en 2021 : Jean-Bernard Lévy, Luca de Meo, Stéphane Richard, comme si TMC devenait peu à peu « les pages saumon du groupe TF1[5] ». Un tournant adroit pour sortir les grands patrons des plateaux de BFM Business et des matinales économiques et leur permettre ainsi d'accéder à une interview grand public, généraliste et souvent plus personnelle. La sphère politique qui constitue l'angle traditionnel et principal de l'émission n'est cependant pas en reste. Membres du gouvernement, parlementaires et anciens ministres y bénéficient d'une visibilité importante et récurrente. Signe du poids nouveau de l'émission, Bernard Cazeneuve, Édith Cresson, Jean-Marc Ayrault et Lionel Jospin choisissent ainsi « Quotidien » dans le cadre des célébrations du 10 mai 1981.

Au-delà du casting, le succès de l'émission tient majoritairement aux séquences dédiées aux discours politiques.

5. Selon l'ex-rédacteur en chef du site web de *Marianne*, Thomas Vampouille.

Inlassablement, l'équipe de Yann Barthès souligne les répétitions à outrance d'une même formule ou d'un même exemple sur différents médias et par différents porte-parole, la reprise de phrases entières d'une année sur l'autre, les tics de langage, les bourdes et les lapsus. Cet effet de loupe sur la communication politique a marqué un tournant, dévoilant ce qui d'habitude n'est jamais montré : les discours raturés, les chuchotements de dernière minute dans les coulisses, les formules empruntées à d'autres, les détournements au mépris de la bonne foi. Les artifices de communication politique sont, pour la première fois, systématiquement traqués, explicités et moqués. En prenant systématiquement le contre-pied des messages et en s'intéressant à la fabrique du discours, Yann Barthès et son équipe ont obligé les hommes politiques à se confronter à leur image et à prendre conscience du caractère souvent conformiste, parfois caricatural et parfois au contraire timoré de leurs annonces.

En cela, cette émission a contribué à transformer les mécanismes de la communication politique, vers un discours à la fois plus personnel, plus décontracté et plus assumé. Ce tournant rend d'ailleurs de plus en plus complexe le travail des plumes, artisans des discours de chaque ministre au sein de son cabinet. Les armatures et la structure globale des prises de parole continuent à être préparées par les conseillers, mais il est rare que le ministre n'y mette pas lui-même la touche finale – quand il ne le réécrit pas en totalité. Alors que chaque prise de parole se transforme en un implacable exercice de sincérité, il est devenu indispensable de faire passer chaque idée avec des mots percutants, ceux qui font partie du registre personnel et profond des décideurs politiques. Ceux qui ne peuvent être choisis par d'autres.

Le off : principal antidote à la langue de bois ?

« Évidemment, c'est du off. » Les journalistes acquiescent, je le sais, plus par habitude que par conviction. Les déjeuners qui font se rencontrer hommes politiques, grands patrons et journalistes débutent systématiquement par ce rituel auquel tout le monde sacrifie. La règle reste le rapport direct, normal, sans détour. L'interview « on », celle que l'on donne lorsque l'on a une annonce à faire, un point de vue à défendre, une analyse à proposer. Malgré tout, le off est omniprésent. Face à une parole politique qui s'est souvent rétractée autour d'éléments de langage et de formules creuses, le off constitue aujourd'hui une source indispensable et inestimable pour la presse. Il permet de créer de la régularité au sein de la relation avec le journaliste qui éclaire souvent les rapports de force à l'œuvre derrière une annonce. Quand il est respecté et maîtrisé, il donne un éclairage nouveau et utile et une densité différente à un portrait ou à une interview. D'ailleurs, il est aujourd'hui plutôt admis que le vrai off, celui qui n'est jamais répété, n'existe plus. Il faut remonter à 2002 et aux propos de Lionel Jospin, dans l'avion retour de la Réunion, pour retrouver les traces d'un réel malaise liées à des propos rapportés. Il avait en effet qualifié Jacques Chirac d'homme « fatigué, vieilli, victime d'une certaine usure dans l'exercice du pouvoir et marqué par la passivité ». Propos qui n'étaient pas demeurés confidentiels… Il subsiste plutôt aujourd'hui un « off différé », qui permet de faire publier anonymement, et dans un timing optimisé, des informations confidentielles.

Le débat sur l'usage du off dure depuis plus de vingt ans dans les médias. Il en reste aujourd'hui trois marqueurs forts : cette promesse informelle et indispensable au début d'une rencontre, la possibilité de relire une partie au moins des citations qui seront retenues par les journalistes – même si nous verrons plus loin que cela se révèle de moins en moins possible pour les dirigeants politiques – et les rubriques de « confidentiels » qui fleurissent dans les grands médias généralistes.

Dans la saison 3 de la série « Baron Noir », la présidente de la République Amélie Dorendeu décide d'organiser un référendum sur la proclamation d'une VIe République. Philippe Rickwaert milite pour le oui, mais est en grande difficulté. Il tient un meeting de campagne à Compiègne et retrouve à son issue une quinzaine de journalistes dans sa loge. Cette séquence de off est marquée par le ton très décontracté de Philippe Rickwaert – qui change même de chemise face aux journalistes, façon on ne peut plus claire de scénariser la proximité et la transparence qu'il entretient avec la presse – et par l'empressement des journalistes qui enregistrent et prennent des notes – marquant ainsi visiblement que les propos tenus ont vocation à être rapportés. Ils le sont d'ailleurs immédiatement dans l'épisode. Il existe bien sûr un important décalage entre cette séquence et la réalité, la mise à nu de Philippe Rickwaert – qui est ici montrée de façon réelle et concrète – restant bien sûr symbolique dans ce type de séquence. De même, les journalistes sont représentés de façon relativement passive, ne cherchant pas à challenger véritablement le politique qui leur fait face, ce qui là encore apparaît comme assez éloigné de la réalité de ces relations, parfois ambiguës mais jamais inactives[6].

Une séquence, dans le film d'Yves Jeuland *À l'Élysée, un temps de président*, peut conduire toutefois à s'interroger sur l'appropriation des éléments de langage par les médias. On y voit Gaspard Gantzer dans une séquence de brief aux journalistes, leur expliquant ce qu'il convient de retenir de la nomination d'Emmanuel Macron comme ministre de l'Économie et de l'Industrie. Dans la séquence qui suit, les journalistes, en direct, répètent consciencieusement et mot pour mot ces éléments à leurs téléspectateurs. Il n'y a pas lieu de s'interroger sur la pertinence du fond, mais plutôt sur la facilité avec laquelle ces éléments, soufflés par le communicant, se glissent sans reformulation aucune dans le discours journalistique.

Pour les hommes politiques, le off est traditionnellement une façon de tester sans risque – on parle ainsi de « ballon d'essai » – une mesure ou une idée, où de prendre de la distance à l'égard d'une décision qu'ils sont contraints d'endosser. Cela peut être aussi, de façon plus triviale, un moyen de nuire à leurs rivaux.

« Dans l'entourage du candidat », « nous rapporte-on sous couvert d'anonymat », « selon un proche… » Ces formules que l'on retrouve aujourd'hui quotidiennement dans la presse ont vocation à faire fuiter le off, tout en protégeant la source. Dans les pays anglo-saxons, on

---

6. Clément VAILLANT et Astrid DE VILLAINES, « Dans *Baron noir*, cette scène dit (presque) tout du off en politique », *Huffington Post*, 24 février 2020.

parle plutôt de « *background* » pour les informations que le journaliste peut utiliser discrètement, relatives souvent aux coulisses ou aux ficelles d'une décision et de « *deep background* » lorsque ces informations doivent rester confidentielles tout en éclairant la compréhension d'une situation. La plupart des médias français traditionnels disposent ainsi aujourd'hui d'une rubrique constituée de ces brèves inédites. Qu'ils s'agissent de « Confidentiels », dans *Challenges*, d'« Indiscrets » dans le *Journal du Dimanche* ou d'une rubrique « Téléphone rouge » dans *L'Obs*, ces pages sont scrutées à la loupe chaque semaine par les décideurs politiques et économiques. D'autres médias en ont fait leur unique ligne éditoriale, à l'image de la *Lettre de l'Expansion* ou de la *Lettre A* qui ne publient que des informations encore sous embargo. Ces rubriques matérialisent aujourd'hui ce off destiné à être rompu au moment opportun. Principal antidote à la langue de bois, ces publications donnent pour autant à voir une parole publique et politique toujours très contrôlée et cadenassée.

Emmanuel Macron : les mots et les registres qui nous gouvernent

Les mots qui nous gouvernent se ressemblent d'un quinquennat à l'autre. Mots de la conviction, de la réassurance, de l'action. Mots qui embarquent et enthousiasment, mots de femmes et d'hommes en campagnes et de présidents au travail.

Les mots du candidat Macron sont en 2017 ceux du lyrisme poétique, presque évangélistes : « Est-ce que vous entendez, le murmure du printemps ? C'est le bruit d'une page de la vie politique qui est en train de se tourner, que vous allez tourner ! Est-ce que vous sentez la puissance de ce rassemblement ? C'est la force de notre indignation, face à ce qui a trop duré ![7] » En effet, le corpus programmatique d'Emmanuel Macron en 2017 n'est pas structurellement fondé sur des valeurs et des réformes, mais surtout sur une émotion collective, ce qui en décuple la puissance.

Il existe bien sûr structurellement un écart entre les discours de campagne et ceux de la pratique présidentielle. Le président Macron une fois au pouvoir, choisit ensuite le registre de la rationalité, celui de l'incarnation d'une continuité historique et surtout d'une projection vers le futur. Dans plusieurs de ses discours fondateurs, on peut déceler la volonté de « faire œuvre » pour les générations futures. Ce passage très net du ressenti au récit a créé une distorsion extrêmement puissante entre le candidat et le président. Une des manières de les réconcilier sur la forme passe par l'émancipation du vocable présidentiel traditionnel, en proposant une alternative inattendue. La transition de l'élan émotionnel au discours rationnel est permise par le fait que le président décide de reprendre à son compte, dès le début du quinquennat, aussi bien les sujets techniques que ceux du quotidien – du budget européen au poids des cartables – ce qui lui permet d'alterner vocabulaire institutionnel mais aussi formules fantaisistes. Emmanuel Macron est ainsi, juste derrière Georges Pompidou, le président qui détient ainsi la plus grande latitude lexicale. Depuis son arrivée au pouvoir, il a ainsi utilisé près de 1 000 mots rares, qu'il ne

7. Meeting de Bercy d'Emmanuel Macron le 17 avril 2017.

prononcera sans doute qu'une fois : des locutions latines comme *in petto* ou *captatio benevolentiæ* mais aussi des anglicismes comme *deep technology* ou *insider*. Interpellé par un enseignant gréviste sur le sujet des retraites, il lui réplique : « Vous patachonnez dans la tête ! » C'est cette capacité à aller chercher les mots dans des univers différents, techniques, précis et parfois datés, qui singularise notamment sa parole de celle de ses prédécesseurs.

Cette stratégie lexicale comporte pourtant un important revers : celui du manque d'empathie et de compassion, celui de la déconnexion et même de la présomption d'arrogance. Derrière la « pensée complexe » qu'il revendique et affectionne particulièrement, Emmanuel Macron ne donne accès aux Français qu'à une personnalité perçue comme cadenassée et hyper-rationnelle. Le choix des mots joue un rôle majeur dans la création de cette perception : le vocabulaire technique ne génère pas une parole universelle, mais permet de s'adresser tour à tour à des micro-communautés très ciblées comme « la start-up nation », les intellectuels, les chefs d'entreprise ou les habitants des grandes villes – qui représentent on le sait la majeure partie de son électorat le plus « enthousiaste ». Pendant la crise de la Covid-19, la stratégie discursive adoptée était fondée sur une déshumanisation et une distanciation très forte du propos, capitalisant plutôt sur les arguments scientifiques, l'analyse des chiffres, les comparaisons internationales. Le ton était ferme, choisi pour faire primer l'efficacité sur la compassion. Ce choix tranche évidemment avec le style des anciens présidents, en particulier Jacques Chirac, personnage rieur et chaleureux qui n'avait pas besoin de revendiquer sa grande proximité avec les Français pour la faire exister, et François Hollande, dont le quinquennat a été marqué par les attentats et dont les discours étaient empreints d'émotion.

En opposition à la « pensée complexe » qui a marqué le quinquennat d'Emmanuel Macron, 2022 sera-t-elle l'année de la simplicité lexicale ? Le président sortant aurait sans aucun doute tout à y gagner. Il n'y a aucun doute sur le fait que le renouvellement du langage politique est un outil de conquête du pouvoir. Chacun à leur manière, Donald Trump et Emmanuel Macron se sont ainsi appuyés sur une lexicologie qui leur était propre pour déjouer les pronostics. À contre-courant de la langue de bois simplificatrice et des discours qui rivalisent de technicité, il existe un espace pour une parole désinhibée et efficace. Il s'agira ensuite de la faire prévaloir dans la durée, sur tous les canaux et face à tous les publics. C'est sans aucun doute cette cohérence lexicale affichée qui aura le pouvoir de convaincre les électeurs.

2.
Le paradoxe de Diane

La robe et la flèche

Le combat, qu'il soit mené contre un adversaire politique ou contre le vide, se mène-t-il différemment que l'on soit un homme ou une femme ? Les différences physiques sont un fait évident, même si le funambulisme requiert surtout d'autres qualités. Plutôt qu'une grande force musculaire, c'est la légèreté, la fragilité, la souplesse, l'acceptation des émotions et notamment de la peur, qui créent finalement la sérénité sur le fil. Les femmes funambules sont ainsi plus nombreuses à travailler sans longe, refusant de fait la possibilité de la chute. Car le rêve d'envol et l'envie de hauteur ne semblent manifestement pas avoir de genre.

Lors d'une réunion avec la fondatrice d'une *HealthTech* il y a quelques mois, et alors que nous discutions de la mixité en politique, je tapais méthodiquement sur mon téléphone « femmes ministres en France », à la recherche des chiffres exacts de ces derniers quinquennats. Le premier article proposé par le moteur de recherche fut un papier de *Marie France*, datant de janvier 2018 mais mis à jour en décembre 2020 et s'intitulant « Les plus belles femmes politiques françaises ». En haut de la page apparaît la photo de Najat Vallaud-Belkacem, en robe noire cintrée, au-dessus du genou, sur le perron de l'Élysée assorti d'un sous-titre sans équivoque : « Intelligentes et charmantes, découvrez les plus belles femmes politiques françaises. » Bien sûr, cette clé de lecture n'est pas nouvelle. Les ouvrages de sociologie politique ont abondamment décrit les différents syndromes dont elles font l'objet – celui de l'imposteur, de la potiche, de la promotion canapé – et les étiquettes graveleuses qui leurs sont accolées, en plus de la présomption très forte d'incompétence. Le *podcast* de Léa Salamé, « Femmes puissantes », met d'ailleurs des mots concrets sur les obstacles rencontrés par les femmes ambitieuses. C'est leur arrivée même à des postes de pouvoir qui est éminemment commentée. Elles doivent, contrairement aux hommes, faire rapidement la preuve très forte de leur légitimité et de leur capacité à exercer leurs fonctions. C'est bien sûr valable dans de nombreux milieux – les associés des grands cabinets d'avocats, les chefs de service dans les hôpitaux, les haut gradés de l'armée, les élèves de l'ENA, restent encore, majoritairement des hommes. Mais tout de même : la dépréciation systématique des femmes politiques, la façon dont elles sont toujours décrites et caricaturées – au prisme de leur physique, de leur compagnon ou de leur vie de famille –, y compris par d'autres femmes et par certains magazines dits « féminins » mais pas systématiquement « féministes » – laisse sans voix en ces premiers jours de 2022.

Si, dans les séries, l'exercice de l'État par les femmes est souvent traité de manière caricaturale ou loufoque, la série danoise *Borgen* propose une vision plus complexe et originale, dans laquelle la Première ministre, Birgitte Nybord, interprétée par Sidse Babett Knudsen, tente de concilier bataille politique et vie personnelle. De même que le personnage de David Palmer dans la série *24h chrono* aurait préparé les esprits à la possibilité d'avoir un président noir à la tête des États-Unis avant l'élection de Barack Obama, le personnage de Birgitte Nyborg aurait prédisposé à l'arrivée d'une femme au pouvoir au Danemark. Quoi qu'il en soit, un an après l'immense succès de la diffusion de la première saison, Helle Thorning-Schmidt devient la première femme Première ministre au Danemark et le restera jusqu'en 2015. Cette dernière a ensuite systématiquement été comparée au personnage idéalisé de *Borgen*, souvent pour regretter sa distance avec celui-ci : selon le chercheur Dominique Moïsi, « au Danemark, il est courant d'entendre dire que le problème du pays est que le Premier ministre en exercice [...] est loin de posséder les qualités de Birgitte Nyborg[1] ». Dans la série, l'héroïne devient en effet très vite très populaire, bien plus que la véritable Première ministre. Pourtant, tout rapproche l'une et l'autre : l'accession-surprise au sommet du pouvoir, la configuration familiale – deux enfants –, la ligne politique, et même la coupe de cheveux, adoptée par Helle Thorning-Schmidt en écho à la série.

1. Dominique Moïsi, *La géopolitique des séries ou le triomphe de la peur*, Flammarion, 2016.

Quand la réalité succède à la fiction, elle engendre souvent une forte déception. Comment les femmes politiques peuvent-elles réussir et s'imposer face à une doublure idéalisée ? Peut-être est-il plus facilement accepté qu'une femme réussisse sur les écrans que lorsqu'elle marche franchement et réellement sur les plates-bandes des hommes.

Exister : représentation et visibilité

Avant de pouvoir agir, les femmes politiques doivent exister. Elles sont pour cela confrontées à deux freins majeurs : leur sous-représentation dans les instances politiques, à tous les échelons, et leur sous-visibilité dans les médias.

Si la sous-représentation, voire l'effacement et l'exclusion des femmes du pouvoir ne concerne pas seulement la France, il est évident qu'il existe une résistance spécifique sur ce point dans notre pays. Je crois que cela s'explique en partie par un puissant paradoxe : comment lever le voile sur un modèle majoritairement masculin et foncièrement inégalitaire dans un pays qui est le creuset des Droits de l'Homme et de l'égalité. Le fait que nous accumulions un réel retard en France sur les sujets de représentativité des femmes est une donnée qui peine à entrer dans notre logiciel.

À l'heure où j'écris ces lignes, seule une femme en France occupe un ministère régalien. Il s'agit de Florence Parly, ministre des Armées. Les femmes ne président aucune des deux chambres du Parlement et, bien qu'elles soient plus nombreuses à la tête des commissions – en particulier à l'Assemblée nationale –, elles ne dirigent, au total, que trois groupes politiques sur dix-sept : celui du Parti socialiste et de la France insoumise à l'Assemblée et celui des communistes au Sénat. Le Rassemblement national était le seul parti dirigé par une femme – avant que Marine Le Pen ne le cède à Jordan Bardella durant la campagne. Alors même que la parité est désormais un prérequis dans la composition des listes électorales, elle ne se reflète pas dans la réalité des exécutifs locaux : à peine 20 % des maires sont des femmes, dont le quart dans des villes de plus de 100 000 habitants. Les femmes ne dirigent que quatre régions et n'ont conduit que deux des principales listes aux européennes de 2019. Elles ne représentaient en 2021 que 38 % des députés et 33 % des sénateurs.

Si certains exemples récents montrent que des femmes réussissent à briser le plafond de verre, on remarque aussi qu'il s'agit souvent toujours des mêmes personnalités qui passent d'un ministère à l'autre. Christine Lagarde sera successivement ministre déléguée au Commerce extérieur, ministre de l'Agriculture puis l'unique femme française ministre de l'Économie. Le parcours de Michèle Alliot-Marie est également un exemple flagrant de l'absence de *turn-over* dans le gouvernement Fillon : elle sera nommée ministre de la Défense, ministre de l'Intérieur, garde des Sceaux puis ministre des Affaires étrangères et européennes, l'unique femme encore aujourd'hui à avoir occupé ce poste. Sur les dix grands ministères, depuis le début de la Vᵉ République, on compte 69 postes pourvus par des femmes, mais dont seulement 34 femmes différentes. Sur les 46 ministres de la Défense et des Armées de la Vᵉ République, on compte uniquement trois femmes : Florence Parly, Sylvie Goulard et Michèle Alliot-Marie. Le ministère de la Justice est quant à lui le ministère régalien qui en a compté le plus : depuis 1958, 6 « gardes des Sceaux » féminines, contre 39 pour les hommes. L'Éducation nationale n'a connu qu'une seule femme à sa tête, Najat Vallaud-Belkacem. Si les femmes sont significativement plus nombreuses dans les gouvernements de la Vᵉ République, elles sont souvent reléguées à des postes de ministres délégués ou de secrétaires d'État, au sein de grands ministères dirigés par des hommes.

Pourquoi les femmes sont-elles si peu souvent « régaliennes » ? La représentation extrêmement genrée et stéréotypée de la fonction exécutive, tout particulièrement dans les fonctions régaliennes, ne leur est évidemment pas favorable. Le président est le « père de la nation », et à sa suite ses ministres font preuve de détermination, de fermeté, de courage, de poigne. Des attributs symboliques virils qui ont durablement imprimé leur marque sur le monde politique, laissant les femmes en périphérie.

Cette sous-représentation se cumule avec un autre obstacle : celui de la sous-visibilité, en particulier dans les médias. Certains travaux de recherche ont même démontré le développement d'un phénomène d'invisibilisation des femmes. Cette question ne se pose évidemment pas pour les seules femmes politiques, la parité des plateaux étant aujourd'hui identifiée comme un enjeu majeur, pointé régulièrement par l'ensemble de la sphère journalistique et par le Conseil supérieur de l'audiovisuel. Au-delà des déclarations, quelques initiatives concrètes voient le jour comme le succès du site internet « Les expertes », lancé par Marie-Françoise Colombani et Chekeba Hachemi et qui permet depuis quelques années de faire bouger les lignes : cet annuaire gratuit, accessible aux journalistes, propose une base de données de femmes chercheuses, cheffes d'entreprise, présidentes d'associations ou responsables d'institutions. Plus question de laisser entendre qu'il « n'y a pas de femmes expertes ! ». Néanmoins, les femmes politiques, élues, n'y sont pas encore recensées.

En 2019, la présence des femmes dans les médias avait connu une légère amélioration (41 %) pour diminuer légèrement en 2020 (39 %). Par catégorie, la réalité est toute autre : les invitées politiques ne représentent que 3 intervenantes sur 10, en raison notamment en 2020 des nombreuses interventions de représentants masculins du gouvernement pendant la crise sanitaire. Sur un sujet politique majeur, nécessitant à la fois l'analyse de données scientifiques complexes et la mise en œuvre de contraintes fortes à l'échelle nationale, seuls des hommes, ou presque, ont pris la parole. Emmanuel Macron, Édouard Philippe, puis Jean Castex et Olivier Véran ont concentré la majeure partie des prises de parole nationales. Au porte-parolat du gouvernement, Sibeth N'Diaye essuie les plâtres durant les premières semaines de la crise avant de laisser la place… à un homme, Gabriel Attal. Les principaux professeurs de médecine, appelés à contribuer aux décisions politiques au sein du Conseil scientifique, mais aussi du Conseil de défense, et donc présents de façon récurrente sur les plateaux de télévision sont également à plus de 80 % des hommes.

Le « *manterrupting* », c'est-à-dire la pratique qui consiste à ce que les hommes coupent la parole des femmes sur un plateau, donne encore une autre lecture de ces chiffres. Selon le rapport de 2020 du Conseil supérieur de l'audiovisuel (CSA), le temps de parole des femmes est de 35 % seulement, ce qui démontre qu'à présence égale, les femmes ont moins d'espace pour s'exprimer à l'antenne que les hommes. Dès lors, comment disposer de sa part d'audience et surtout de sa part de voix, alors que les femmes disparaissent des ondes et des écrans ?

Lorsqu'elles sont enfin invitées à prendre leur place autour de la table et à prendre la parole, les femmes sont des animaux politiques presque comme les autres. Elles ont intégré les codes et les pièges de l'interview politique et chacune, avec son histoire, son charisme, ses ambitions, façonne un personnage qui rivalise sans mal avec les fortes personnalités des hommes.

Après plusieurs années à écouter les femmes dirigeantes – les patronnes de grands groupes mais aussi les femmes politiques –, à les regarder attentivement, à analyser leurs choix de positionnement, à les conseiller parfois, j'identifie pourtant deux lignes qui, aujourd'hui, se détachent des discours féminins.

D'abord, celle du pragmatisme. Les femmes politiques se positionnent presque systématiquement comme celles qui font, qui ont le goût du concret et du tangible, face à l'abstraction des discours politiques masculins. Ce positionnement s'apparente au discours de preuves, qui crée, on le souligne souvent, la légitimité des décideurs. Interviewée en 1997 dans le magazine *Elle* sur des questions liées à l'organisation de la scolarité, Ségolène Royal choisit d'apporter une foule de détails, confortant l'idée exprimée par le chapeau : « Maternelle, primaire, collège, Ségolène Royal surprend par sa maîtrise concrète du sujet » : « Je préfère que les enfants aient un plat unique, qu'ils aiment et qu'ils mangent, plutôt que cinquante trucs compliqués qu'ils n'aiment pas, quitte à compenser par des actions d'incitation au goût », ou encore : « Ce n'est pas la peine d'acheter un cahier de 200 pages alors qu'il suffit d'acheter plusieurs cahiers de 50 pages. Ensuite, les gros classeurs peuvent rester à la maison et l'on apporte seulement les feuilles correspondant à la leçon du jour.[2] » Cette leçon de pragmatisme est immédiatement contre-balancée par le titre sans équivoque donné à l'article : « Maternelle, primaire, collège, Ségolène Royal sait de quoi elle parle. Ses enfants ont 5, 8, 10 et 11 ans ». Tout en valorisant les mesures proposées, le magazine les justifie par la configuration de la sphère familiale de la ministre et contribue ainsi à définir un espace de légitimité politique restreint pour les femmes aux responsabilités. Plus récemment, Brigitte Klinkert, conseillère départementale du Haut-Rhin en 2016, revendiquait l'apport pragmatique des femmes dans la gestion des affaires du département : « Depuis que l'assemblée départementale est maintenant à parité parfaite, depuis la mise en place de binômes, lors des dernières élections, nous les femmes, nous apportons notre pragmatisme, loin des querelles partisanes réservées aux hommes[3]. » L'efficacité du pragmatisme contre les querelles et les lenteurs de l'idéologisme politique. Dès les premiers jours de sa campagne, Valérie Pécresse prend ainsi

2. Simone Bonnafous, « "Femme politique" : une question de genre? », *Réseaux*, 2003/4 (no 120), p. 119-145.

3. « À Colmar, le message des femmes politiques : "Engagez-vous les filles" », France Bleu, lundi 7 mars 2016.

le parti de s'autoproclamer « Dame de faire », définissant sa candidature comme celle de l'action et du projet. Dans un papier du Monde, Anne Hidalgo affirme : « Les Français ne sont plus dans une logique partisane mais sur des causes et des engagements. Je veux travailler avec le réel.[4] » Le risque afférent est d'installer l'idée que les femmes sont de meilleures chefs de projets mais qu'elles pèchent lorsqu'il s'agit de faire preuve d'abstraction. De là à privilégier la mise en œuvre pour les unes, et la conception intellectuelle pour les autres, il n'y a qu'un pas.

Ensuite la ligne de la nuance à tout prix, face à l'assertivité des discours masculins. Ce refus assumé et explicite du manichéisme et de la simplification du discours s'illustre dans de nombreuses prises de parole. Alors que le discours de la nuance, qui chercher à préserver les positions de chacun en faisant preuve de diplomatie et qui permet de montrer une compréhension fine et précise du sujet devrait être un atout, c'est une tonalité qui est bien souvent reprochée aux femmes politiques et qui s'est souvent retournée contre elles. Le discours de politique générale de Édith Cresson le 22 mai 1991 est empli de doutes. *A posteriori*, il est facile de dire qu'il était déjà révélateur de l'éviction rapide qui allait être la sienne. Son discours repose en grande partie sur une série de justifications : « Je ne pense pas qu'il y ait, pour l'ensemble des Français, de tâche plus exaltante. J'ai dit "pour l'ensemble des Français" ; en effet, il y a peu de moments dans l'histoire où un évènement majeur concerne ainsi tous les Français. » Elle termine sur une formule très

4. Sylvia ZAPPI, « Anne Hidalgo rode ses thèmes de campagne en vue de la présidentielle de 2022 », *Le Monde*, 14 juin 2021.

hésitante : « Nous avons deux ans devant nous qui peuvent être décisifs. » Cette phrase trahit déjà l'instabilité de sa nomination. Elle ne restera que 323 jours à Matignon. Plus de trente ans après, les images de cette prise de parole, sous les quolibets d'une Assemblée goguenarde, suscitent toujours aujourd'hui chez moi un profond malaise. La tendance des femmes à mettre aujourd'hui en avant les distinctions, les hiérarchies, à ne jamais se satisfaire des évidences quitte à ce que cela amoindrisse la portée de leur discours, n'est pas toujours une stratégie payante. Face aux certitudes de leurs opposants et à leurs déclarations à l'emporte-pièce, elles sont nombreuses à mettre en avant le doute, dans un souci d'exactitude. Dans son discours du 29 septembre 2020 à l'Assemblée nationale sur le sujet des mesures en faveur des animaux sauvages en captivité, la ministre Barbara Pompili use du champ lexical de la précaution : elle utilise une dizaine de fois la formule « progressive », ou « progressivement », promet de « prendre le temps d'une transition réussie », et termine en disant : « Alors, vous le voyez, Mesdames et Messieurs : notre pays prend ce matin un tournant. Un tournant progressif, au cours duquel nous ne laissons personne au bord du chemin. » Installer les décisions sans brusquer, sans contraindre, en expliquant chaque étape du cheminement : c'est assurément et rationnellement une qualité appréciée et recherchée chez un leader. Mais cela peine à dissimuler également le manque d'adhésion et souvent de soutien que doivent affronter les femmes politiques, dans leurs rangs, dans leur ville, dans leur ministère. Comme si le leadership au féminin devait passer par la négociation, quand celui des hommes, souvent plus direct et brutal, n'est jamais remis en cause.

S'exprimer : le discours des femmes

La parole des hommes est depuis toujours la voix du neutre, celle de l'universel. Parole des hommes pour tous les Hommes avec un grand H. Celle des femmes, par définition, est la voix de l'altérité, celle qui ne concerne plus que la moitié de l'humanité et à laquelle sont attachés des sujets bien précis, ceux du *care* au sens large. Au sein des conseils départementaux, qui sont pourtant paritaires depuis 7 ans, la répartition des délégations obéit encore en grande partie à une logique stéréotypée : les vice-présidences aux finances ou à l'aménagement du territoire reviennent aux hommes tandis que les femmes prennent charge les affaires sociales et familiales ou encore les questions de handicap. Une répartition ambiguë, alors que le département est par essence une collectivité du *care*, et que ces sujets rassemblent les budgets les plus importants.

Quand elles sont enfin invitées à s'exprimer, de quoi les femmes politiques parlent-elles ? Interrogées dans un premier temps sur des sujets exclusivement pointés comme féminins – éducation des enfants, santé, jeunesse – il faudra attendre les années quatre-vingt-dix pour qu'elles s'emparent des enjeux de politique extérieure, d'économie ou de justice, anciens bastions masculins. Dans cet état de fait, les femmes qui parvenaient à porter haut et fort non pas « une parole de femme » mais un discours politique à l'échelon national étaient une très faible minorité. Aujourd'hui, il semble bien plus difficile de définir étroitement un territoire d'expression qui serait celui des femmes politiques. Les premiers discours de Valérie Pécresse, désignée candidate LR à l'élection présidentielle il y a quelques semaines, font ainsi apparaitre des thèmes de campagne qui n'ont rien de féminin – la sécurité et la justice – tandis qu'Anne Hidalgo tente d'emmener la campagne vers le sujet des injustices sociales. Dans un cas comme dans l'autre, ce sont les thèmes de leurs familles politiques respectives qui sont portés et défendus, laissant leur genre en marge de la campagne.

Ce contexte explique en partie le fait que peu de femmes politiques accèdent au statut d'icône. Je prendrai quand même deux exemples. Celui de Simone Veil d'une part, aujourd'hui parfaitement consensuel. Reconnue à la fois comme la figure immortelle du droit des femmes et celle de la mémoire de la Shoah, ses combats de militante féministe et européenne ont traversé les générations. Plus proche de nous, la figure de Christiane Taubira a également profondément marqué le quinquennat de François Hollande. Seule femme politique à jouer véritablement sur les codes du tribun, sa verve politique et poétique, son attachement à la liberté, en font un personnage unique dans le paysage politique, porté par la puissance de la littérature et par celle de la transgression. En février 2013, interpellée par Hervé Mariton à l'Assemblée Nationale, elle cite le poète guyanais Léon-Gontran Damas : « Gontran Damas parle de la différence, interpelle sur le respect, mais la différence n'est pas un prétexte pour l'inégalité des droits… » et déclame le poème « Nous les Gueux » devant un parterre stupéfait : « Nous les gueux, nous les peu, nous les rien, nous les chiens, nous les maigres, nous les Nègres / Qu'attendons-nous pour faire les fous, pisser un coup sur cette vie stupide et bête qui nous est faite. »

C'est aujourd'hui ce statut à part, sa place singulière dans le spectre politique et sa popularité importante parmi l'électorat de gauche qui donne à son retour potentiel sur la scène politique une tonalité particulière. Alors qu'en ces premiers jours de 2022 Christiane Taubira envisage de se présenter à la primaire populaire, c'est ce qu'elle représente, toujours, pour les électeurs de gauche qui retient surtout l'attention des médias. En incarnant l'éloquence, la fougue mais aussi le rêve de la gauche, Christiane Taubira génère un élan important qui, même s'il ne permet sans doute pas de remporter une élection nationale, ne doit pas être sous-estimé.

Si les discours tentent à s'homogénéiser, l'incarnation des femmes politiques reste très propre à leur genre Contrairement aux hommes, leur prénom est souvent leur marque politique. On se souvient chez Marine Le Pen des terminologies utilisées : « La vague marine », « les gars de la Marine » ou encore du nom de son site de campagne « Marine2017 ». On peut évidemment arguer que la mise en avant de son nom de famille posait un autre problème, celui d'une filiation politique dont elle souhaitait se détacher. Mais son clip de 2017 ne laissait aucun doute sur l'utilisation de son genre comme argument de campagne : « Je suis une femme…, je suis une mère… je suis une avocate ». La hiérarchisation de l'argumentation fait apparaître sans aucune ambiguïté sa volonté de valoriser avant tout sa singularité de femme. Cette course à la présidentiabilité prend un tour particulier en cette veille d'élection présidentielle 2022. Avec des sondages plutôt favorables, ses chances d'être au second tour sont importantes. Alors qu'y-a-t-il de féminin dans ses campagnes, son leadership, sa façon d'exercer le pouvoir auprès de ses militants ou de son parti ? Son clip de campagne en 2017 était sans ambiguïté, cheveux blonds au vent et photos de famille à l'appui. Son affiche de campagne l'était encore plus : elle pose, assise sur un bureau, veste bleue et jupe noire dévoilant le genou et le bas de la cuisse. La féminité comme arme assumée pour lisser son image et celle de son mouvement, incarner la femme moderne, active, libre, et séduisante. Ses équipes l'assumaient alors : montrer la cuisse de Marine Le Pen était un choix clair, un pied de nez aux fondamentalistes islamistes au cœur de son programme. Ce rapprochement entre féminisme et lutte contre l'islamisme apparaît dès lors comme une stratégie bien rodée. Mais qu'importe : cela lui permet, en 2017, de se composer un électorat féminin plus nombreux et plus jeune. Il reste à savoir si elle parviendra à mobiliser à nouveau et plus fortement cette tranche électorale en avril prochain. Cette année, son nouveau slogan, « une femme d'État pour la France » lui permettra de jouer à nouveau cette carte forte dans la course à la présidentielle. Si, lors de la campagne des régionales, Valérie Pécresse avait également joué de son prénom – notamment *via* le hastag #jaichoisivalerie –, son slogan 2022 est dépourvu de toute personnalisation : « Le courage de dire, la volonté de faire. » L'abandon d'une stratégie de communication par le prénom poursuit sans aucun doute deux objectifs : symboliser une nouvelle étape de sa vie politique en rompant avec les codes de son élection régionale pour adopter une posture nationale et créer les conditions d'un rassemblement plus large grâce à un slogan plus consensuel que celui qui mettrait en avant son genre. Il existe donc une ligne de crête entre l'usage paternaliste, souvent condescendant, du prénom des femmes et celui de son emploi à des fins marketing et donc assumé par ces dernières. Parce qu'elles détonnent par leur genre dans la sphère politique, les femmes n'ont d'autre choix que de pousser au plus loin l'incarnation. Reste à savoir si cette incarnation par le prénom et le genre doit être une stratégie de long terme ou une simple étape de leur vie politique.

Sur l'usage de la carte du genre, la campagne de 2007 de Ségolène Royal était un cas d'école. Elle revendique en effet explicitement dans ses discours à la fois son expérience de femme et celle de mère : « Je veux réaliser pour chaque enfant né ici ce que j'ai voulu pour mes propres enfants. » « Je sais au fond de moi, en tant que mère, que je veux. » Et le poing sur le ventre : « Ce que je veux pour chaque jeune, c'est ce que j'ai voulu comme mère pour mes propres enfants. » Ce positionnement est abondamment analysé en 2007 par la presse, notamment par *Le Monde* qui y voit une stratégie perdante : « "La différence, je crois qu'elle se voit" ; Ségolène Royal n'a pas hésité, parfois, à abuser de sa "différence" […] ou bien à mettre en scène sa qualité de mère comme un critère d'aptitude à gouverner. La candidate a fait de l'exercice du pouvoir un élément de clivage […] en prenant soin d'opposer la "brutalité" de son adversaire masculin à son message de réconciliation[5]. » Là encore, l'enjeu se joue sur la légitimité de sa candidature : « Cette méthode a un revers. Autant, dans toutes les enquêtes d'opinion réalisées avant le premier tour de l'élection présidentielle, Ségolène Royal est apparue "*proche des préoccupations*" des Français, autant elle a toujours péché sur un point : la crédibilité[6]. »

Si la scénarisation nous apparait sans doute aujourd'hui extrême, les commentaires suscités le sont également. On assiste sans doute à une normalisation progressive de la carte du genre en politique, qui donc apparait de façon plus subtile et ne génère de fait plus les mêmes réactions.

Paris, terre de femmes

Elle s'élève, raide et sévère, au-dessus du pont de la Tournelle. Sainte-Geneviève, patronne de Paris, accueille depuis la Seine les visiteurs qui entrent dans la capitale. En 451, Attila et les Huns franchissent le Rhin et pillent Metz et Reims. Alors qu'ils se dirigent vers Paris et que les habitants se préparent à fuir, Geneviève, soutenue par les femmes, exhorte les Parisiens à se battre. Tous suivent cette vierge qui prie nuit et jour pour la protection de la ville. Attila et ses troupes contourneront Paris, la capitale est sauve et une légende est née.

Paris est donc, depuis son origine ou presque, une terre de femmes. Il a pourtant fallu attendre 2014 et l'élection

5. Isabelle Mandraud, « Une mise en scène de la différence », *Le Monde*, 25 avril 2017.

6. *Ibid.*

d'Anne Hidalgo pour qu'elle soit dirigée par une femme. Lors de son discours d'investiture, la nouvelle maire commence ainsi par ces mots : « Mes cher(e)s collègues, Dimanche, les Parisiens m'ont fait confiance pour être la première femme maire de Paris. Ce choix m'honore et m'oblige. Il fait de moi la dépositaire des valeurs de notre ville. » Réélue en 2020, elle a fait de son bilan, pourtant clivant, un allié.

En effet, lors des dernières élections municipales, les Parisiens ont assisté à ce qui s'apparente à une forte résurgence du passé au cœur d'un quinquennat macroniste : le retour du clivage gauche-droite. Deux voix fortes se sont fait entendre pour critiquer l'action du gouvernement : celles d'Anne Hidalgo et de Rachida Dati, qui faisaient face à la voix médiane incarnée par Agnès Buzyn. Une bataille de femmes, qui confirme l'avant-gardisme de la capitale.

Anne Hidalgo fait alors campagne sur le principe de la continuité, accompagnée des poids lourds du Parti socialiste, notamment Bernard Cazeneuve. Son programme est construit autour de deux mesures fortes : le social – avec l'objectif de 25 % de logements sociaux – et l'écologie. Sa capacité à « repeindre le PS en vert » durant l'ensemble de sa campagne a quelque peu désarçonné les cadres du Parti socialiste et les Verts. Rachida Dati fait quant à elle campagne dans les quartiers populaires de Paris, comme celui de la Goutte d'or, attentive à casser son image de maire du 7e arrondissement et à reprendre à son compte les sujets de sécurité et de propreté. Agnès Buzyn prend quant à elle les rênes de la campagne pour LREM après le départ de Benjamin Griveaux. Son programme reprend les codes du macronisme, mêlant service public et entreprise : création de « managers de rue », privatisation du ramassage des ordures, accompagnement renforcé des personnes âgées, défense de l'accès au logement des classes moyennes. Mission kamikaze, à quelques semaines du premier tour, et alors que l'opinion retient surtout qu'elle quitte le ministère de la Santé aux prémices d'une crise sanitaire sans précédent. Une campagne marquée par la culpabilité et la dualité : « Depuis le début je ne pensais qu'à une seule chose : au coronavirus. On aurait dû tout arrêter, c'était une mascarade. La dernière semaine a été un cauchemar. J'avais peur à chaque meeting. J'ai vécu cette campagne de manière dissociée[7]. »

Le premier débat, sur la chaîne de télévision France Info, met en scène l'affrontement entre Agnès Buzyn et Rachida Dati, laissant Anne Hidalgo, qui leur fait face, silencieuse et souveraine, candidate sortante au-dessus de la mêlée. Le résultat de l'élection est sans appel : Anne Hidalgo est réélue avec 48,49 % des voix.

La capitale peut-elle devenir un laboratoire politique dans lequel les femmes seraient au premier plan ? Guerrières respectueuses, les trois candidates ont fait campagne sans relâche, évitant de sombrer dans les accusations sournoises ou les attaques *ad hominem*. Elles ont dû en revanche composer avec… des hommes qui ont compliqué leurs candidatures. Cédric Villani avec lequel Agnès Buzyn devait convenir d'un accord. David Belliard chez les Verts qui rechignait à soutenir Anne Hidalgo. Philippe Goujon,

---

7. Ariane CHEMIN, « "On aurait dû tout arrêter, c'était une mascarade" : les regrets d'Agnès Buzyn », *Le Monde*, 17 mars 2020.

maire dissident du 15e arrondissement, qui n'a pas facilité la tâche de Rachida Dati.

Paris, une terre de femmes décidées et combatives qui casse les codes : celui de la rivalité systématique. D'ailleurs, Anne Hidalgo et Rachida Dati s'entendent bien et ne s'en cachent pas. C'est sans doute sur cette ligne de crête où l'on différencie compétition et rivalité que se trouve le meilleur du débat démocratique, celui qui repose sur les idées et les convictions, et non pas sur la peur d'être supplantée.

« Femme de », « Mari de », adjuvant politique ?

Il est un point sur lequel les femmes sont un atout très visible. La mise en avant continuelle de leurs épouses a souvent permis aux hommes politiques de façonner leur image et de leur donner plus de densité. Cela leur a permis notamment de bénéficier, à travers leurs compagnes, de qualités qu'ils ne peuvent pas – ou ne veulent pas – mettre en avant. Que l'on pense aux épouses de Lionel Jospin, de Jacques Chirac ou d'Alain Juppé : toutes ont été aux premières lignes pendant les campagnes. Plus récemment, dans son ouvrage, *Le Temps des Tempêtes*, Nicolas Sarkozy revient longuement sur la difficulté de gouverner et de faire figure lorsque sa femme Cécilia Sarkozy s'éloignait et refusait de fait l'exercice de représentation du couple présidentiel. Il est intéressant de noter que les époux des ministres et des candidates ne sont en revanche jamais sollicités et très rarement pris à partie lorsque leurs femmes font campagne ou accèdent à de hautes responsabilités. Sont-ils même des adjuvants quotidiens ? Dominique Voynet est encore plus radicale : « Mon ministère m'a coûté le père de ma fille aînée, et ma mairie mon compagnon suivant[8]. »

« Qui va garder les enfants? » La petite phase de Laurent Fabius, à l'annonce de la candidature de Ségolène Royal, reflète à la fois l'état d'esprit des partis politiques traditionnels et le millefeuille de contradictions auquel est confrontée la femme politique qui s'engage dans la bataille. Tout en ayant intériorisé le fait qu'elles doivent en faire plus que les hommes pour s'imposer, les femmes sont encore nombreuses à s'affirmer tiraillées par la culpabilité. Najat Vallaud-Belkacem raconte, dans plusieurs interviews, le traumatisme de l'hospitalisation d'un de ses enfants durant un voyage officiel, Marine Le Pen reconnaît l'importance de la présence quotidienne de sa mère Pierrette à Saint-Cloud, lorsque ses enfants étaient adolescents. Anne Hidalgo raconte avoir téléphoné tous les jours à son petit dernier, depuis la voiture, pour relire avec lui ses devoirs.

Indissociable de leur genre, de leurs obligations familiales, de leur essence de femme? Pas forcément. Mais pas question pour la majeure partie d'entre elles de renier radicalement leur vie d'épouse et de famille. Elles se livrent moins à la mise en scène de leur vie privée, mais s'y consacrent sans doute plus que les hommes aux mandats similaires. Le droit fondamental au respect de l'intimité semble plus difficile à faire respecter. La femme politique est d'abord femme, et figure de l'intime. On connaît ainsi dans les magazines les rituels de soin de Roselyne Bachelot et les crèmes qu'elle utilise. Il est facile de trouver sur internet des photos de

8. Christine Clerc, *Les Conquérantes*, Nil Éditions, Paris, 2013.

ministres ou d'ex-ministres enceintes et des clichés – posés ou volés – avec leurs enfants. Une communication de l'intime qui n'est jamais anodine en ce qu'elle donne à voir de la femme politique en 2022.

Les nouveaux roles-models

Les femmes puissantes de 2022, celles qui servent de *roles-models* aux jeunes filles, sont aujourd'hui peu nombreuses à être issues de la sphère politique. Femmes avocates, entrepreneures, à la tête de grands groupes ou de licornes, artistes, influenceuses, journalistes et écrivains, elles sont les porte-voix d'une nouvelle génération de femmes qui influent fortement sur le monde des idées et sur celui des actes.

Le classement des « 40 femmes *Forbes* 2020 » met ainsi en lumière la rabbine Delphine Horvilleur, la romancière Karine Tuil, l'entrepreneuse Valérie Messika ou la boxeuse Estelle Mossely. Sur 40 femmes, seules deux sont issues de la sphère politique, Virginie Calmels, conseillère régionale de Nouvelle-Aquitaine et Agnès Pannier-Runacher, secrétaire d'État auprès du ministre de l'Économie et des Finances. Dans le classement 2019, figuraient Agnès Buzyn, Marlène Schiappa et… Brigitte Macron. La majorité des femmes retenues sont issues des secteurs de l'entreprise, des sciences ou de l'action caritative.

Où sont passées dans ces classements les femmes politiques, ministres mais aussi députées, maires de grandes villes, celles qui siègent au cœur des instances européennes et internationales pour porter la voix de la France ? Pourquoi les jeunes femmes se tournent-elles plus spontanément vers des figures comme celles d'Aurélie Jean, papesse de la Tech et de l'IA, ou vers la chanteuse Aya Nakamura quand elles cherchent des figures tutélaires de réussite et de pouvoir ? Peut-être parce que la place des femmes dans la sphère politique fait l'objet d'un soupçon originel, celui d'une ambition forcément dévorante, et forcément incompatible avec une vie personnelle complète, épanouie et normalisée. Peut-être aussi parce que les quotas et la loi sur la parité – qui ont permis aux femmes d'accéder enfin aux responsabilités politiques – génèrent encore dépit et courroux chez leurs homologues masculins. Comme si la politique devait rester le dernier pré carré des hommes. À quelques jours d'une élection présidentielle qui fera intervenir trois femmes candidates pour de grands partis, la banalisation des candidatures féminines à l'Élysée est sans conteste un point marquant de cette campagne. Mais j'en retiens surtout qu'aucune d'entre elles n'a dû choisir entre la robe ou la flèche, l'expression de sa féminité ou celle des attributs masculins du pouvoir. Cette normalisation de la figure des femmes politiques représente déjà, en elle-même, une importante victoire.

3.
Vœux de silence

La voie sans voix

Le funambule est structurellement un homme de silence, scruté par une foule silencieuse. Il est en cela de prime abord l'exacte antithèse de l'homme politique. Alors que ce dernier se met à exister lorsqu'il est entendu, pourquoi choisirait-il de se taire ? Faire vœu de silence semble à ce titre constituer la négation de l'homme politique. Pourtant, les experts comme les dirigeants, à l'image de Michel Rocard, en sont conscients : hier comme aujourd'hui la parole use. À l'heure d'une communication continue et excessive, se dirige-t-on pour autant vers un retour à la sobriété ?

La stratégie de la mise en retrait et du silence est aujourd'hui un vecteur clé de la communication politique, qu'elle permette la mise en tension, la légitimation ou la scénarisation de la parole du politique. Cependant, à l'heure de l'omni-communication, sa maîtrise devient de plus en plus complexe.

Le silence des présidents

Les présidents se sont tous sans exception prêtés au jeu de la raréfaction de la parole, à des moments souvent critiques de leur quinquennat. L'exercice n'a d'ailleurs souvent rien de naturel pour les derniers d'entre eux – à la communication omniprésente – pour lesquels une cure d'austérité médiatique représente une importante prise de risque. Disparaître des écrans, c'est aussi disparaître des esprits, et laisser le champ libre à ses contradicteurs.

Théorisée par Jacques Pilhan, conseiller en communication de François Mitterrand, puis de Jacques Chirac, la stratégie de la raréfaction de la parole a constitué un pilier essentiel des campagnes d'influence. Dans un grand entretien donné en novembre 1995 à la revue *Le Débat*, Jacques Pilhan analyse la nécessité de faire entendre la voix du président dans le bruit médiatique. Ses conclusions sont les suivantes : le désir d'entendre le président ne devient prégnant que lorsqu'il se tait un moment. Ses interventions prennent alors une résonance nouvelle et considérable.

Le dernier président à avoir fait un usage modéré de sa parole est sans aucun doute Jacques Chirac. La première année de son septennat, il s'exprime 4 fois à la télévision entre septembre et décembre. En 2000, il apparaît seulement deux fois à la télévision entre le 14 juillet et le 31 décembre, pour parler du quinquennat et des « affaires ». En 2001, toujours entre la fête nationale et la Saint-Sylvestre, il décide de s'exprimer trois fois, essentiellement sur des questions internationales : les attentats du 11 septembre et l'opération militaire en Afghanistan.

Cette stratégie n'a pas résisté aux trois derniers quinquennats, marqués par le choix d'une communication de l'excès : excès de parole pour Nicolas Sarkozy, excès de confidences pour François Hollande, excès de contrôle pour Emmanuel Macron.

Sans surprise, et dès les premiers jours de son quinquennat, Nicolas Sarkozy prend le parti de rompre avec la tradition de la rareté de la parole pour lui préférer une parole excessive et omniprésente. Bien loin du « président arbitre » incarné par François Mitterrand et Jacques Chirac, Nicolas Sarkozy revisite à sa manière la posture et le discours présidentiel en choisissant l'hyper-activité… et l'hyper-communication, au risque d'étouffer toutes les autres paroles de son gouvernement et même de sa majorité. En adoptant simultanément les casquettes de président tout-puissant, de ministre de l'Intérieur – qu'il n'a jamais vraiment quittée –, de ministre de l'Écologie ou encore de porte-parole du gouvernement, Nicolas Sarkozy fait le choix en 2007 d'exister en permanence, sur tous les sujets, dans tous les médias. Cette stratégie est d'ailleurs le reflet de sa pratique du pouvoir : tout se passe et se décide à l'Élysée. Nicolas Sarkozy, au moins dans les premiers temps de son quinquennat, est ainsi celui qui parle car il est d'abord celui qui fait. Dans ce contexte de frénésie – c'est après tout le premier quinquennat « sec » de la Ve République puisque Jacques Chirac avait bénéficié des sept années précédentes, le mandat du nouveau président ne se prête pas à la prise de recul mais à l'action. Cinq ans pour agir, en trouvant le moyen malgré tout d'être rare semble relever de l'impossible.

Si le quinquennat de François Hollande n'a pas été caractérisé par une omniprésence médiatique, ce dernier a lui aussi décider de rompre, à sa manière, avec la doctrine de Jacques Pilhan, en choisissant le registre des confidences. Il a ainsi mené durant les derniers mois de son quinquennat de longs entretiens avec les journalistes Gérard Davet et Fabrice Lhomme, à l'origine de la parution du livre choc, *Un président ne devrait pas dire ça*. En revendiquant notamment les opérations *homo*, ces opérations d'assassinat ciblé qui ont été menées dans le cadre de la lutte contre le terrorisme, François Hollande brise un des tabous ultimes de la politique de défense et de l'armée, la révélation de ces informations compromettantes – voire classées secret-défense – contrevenant directement au principe de secret d'État. Et d'une longue tradition de silence sur certaines de ses pratiques. En renouvelant le genre de la confidence politique, François Hollande propose une nouvelle lecture de la parole présidentielle : celle qui livre aussi les coulisses du pouvoir et les états d'âme d'un homme. Ce choix est une rupture encore plus nette en ce qu'il rompt le silence pour dire l'indicible : les doutes – et parfois les regrets – d'un président.

Dès son élection, Emmanuel Macron entend pour sa part renouer avec le style de monarque républicain impliquant une communication très ciblée. Durant les premiers mois de son quinquennat, ses prises de parole sont rares et surtout, elles sont très attendues. Qui ne se souvient pas du premier remaniement et des journalistes faisant le pied de grue pendant plusieurs heures devant le perron de l'Élysée ? Le pari était de prime à bord tenu : recréer du désir autour de la parole présidentielle. La dimension absolument essentielle de réassurance symbolique qui consiste à croire et à montrer le pouvoir politique comme étant à la fois distant – permettant la clairvoyance et la prise de hauteur induite par la fonction – et au contact direct des gouvernés – l'injonction à être plus spontané et concret – achoppe pourtant aujourd'hui sur les artifices de scénarisation dont les ficelles deviennent trop visibles. Cette dimension n'échappe d'ailleurs plus aux journalistes politiques qui commentent ouvertement les opérations de communication téléguidées et les coulisses des « coups de com' », dont ils sont les principales cibles. Le « maître des horloges » est certes très attendu et écouté, mais sa stratégie est également très lisible. Quand la rareté de la parole est perçue par tous comme un artifice – même nécessaire – elle ne peut avoir le même sens et le même impact.

Quelques mois plus tard, l'épidémie de Covid-19 viendra de plus mettre à mal cette stratégie de communication et contraindre le président Macron, à son tour, à rompre son vœu de silence. L'existence d'incarnations supplétives fortes comme Olivier Véran ou Jérôme Salomon ne lui permettent pourtant pas de rester en retrait. Dès lors, dès mars 2020, Emmanuel Macron est omniprésent sur tous les médias et les supports – annonces télévisées, entretiens fleuves dans les revues les plus spécialisées, scénarisation de questions/réponses sur Instagram. L'injonction au silence ne pèse pas lourd face à une crise mondiale. Mais dans ce contexte le risque est double : banaliser la parole présidentielle pour montrer un président en action ou préserver la rareté de ses interventions quitte à le soupçonner de passivité. À l'heure de l'instantanéité de la parole, le silence peut-il véritablement être un antidote à la crise ?

Le silence dans la crise

L'été 2003, la canicule qui traverse la France fait plus de 20 000 morts. Jacques Chirac est alors en vacances au Canada, il ne prendra la parole qu'à son retour le 21 août. Les images du ministre de la Santé Jean-François Mattéi, apparaissant en polo dans le jardin de son lieu de villégiature au cœur de l'été avaient déjà eu un effet dévastateur sur la confiance des Français. La rentrée de septembre aura la tonalité d'une session de rattrapage même si le président ne fera aucun *mea culpa*.

Emmanuel Macron s'est lui aussi prêté au silence présidentiel aux prémices de la crise des Gilets Jaunes. « Macron : avis de recherche ». À l'image de cette banderole affichée au péage de Bandol dans le Var à quelques jours de l'acte IV de mobilisation, l'absence du chef de l'État avait soulevé de nombreuses interrogations.

La stratégie du silence correspond donc ici à celle du surplomb présidentiel. Une position difficile à tenir alors qu'Emmanuel Macron devient peu à peu la cible explicite dans les cortèges qui se muent peu à peu en mouvements anti-Macron. Mais là encore, difficile de privilégier le dialogue direct – alors même qu'il excelle dans l'exercice – : l'absence de porte-parole identifiés à ce stade au sein du mouvement rendait alors éminemment complexe cette hypothèse. Dès lors, la préservation de l'institution présidentielle passe dans un premier temps par la réserve et le repli. Il faudra attendre le 10 décembre 2018 pour que le président prenne la parole dans une allocution télévisée de treize minutes.

Cette configuration illustre à la fois la tentative de mise en retrait du pouvoir et le rejet opéré par la société sous tension, laquelle refuse un silence de temporisation et d'apaisement. Interprété comme une provocation, un désintérêt flagrant ou une volonté d'euphémiser la portée du mouvement, le silence du président n'a ici pas permis de protéger sa posture régalienne. Pire, il a pu être perçu comme une façon de gagner du temps et de refuser la confrontation avec les Français. Un silence qui expose finalement bien plus qu'il ne protège.

Le silence dans l'interview

Dans le temps court également, le silence a le pouvoir de mettre en valeur ce qui suit. L'interview politique est souvent le lieu de pauses qui précèdent toujours une déclaration d'importance. Que l'on pense au long silence ému de Georges Pompidou, interrogé sur le suicide de Gabrielle Russier, professeure condamnée pour détournement de mineur, à la fin de sa première conférence de presse en 1969, juste avant qu'il ne cite Paul Eluard, ou au silence – sans aucun doute surjoué – de François Mitterrand en 1988, avant qu'il ne réponde positivement à la question concernant sa nouvelle candidature, ces silences en disent autant que les mots.

Plus tard, sortir du silence, c'est aussi souvent devoir se justifier sur ce dernier. Dans *Le Figaro*, Jacques Chirac donne en septembre 1989 sa première grande interview après un an et demi de repli.

« *Le Figaro :* Pourquoi vous êtes-vous tu si longtemps ?

Jacques Chirac : Je ne crois pas qu'il soit nécessaire de parler tout le temps ?

Le Figaro : Mais de là à ne rien dire…

Jacques Chirac : Après l'épreuve de l'élection présidentielle, la réflexion s'imposait. Il fallait bien que je m'interroge sur ce qui s'était passé. Ensuite, je me suis consacré à la ville dont je suis le maire et au mouvement dont je suis le président. La victoire aux municipales dans les vingt arrondissements de Paris, le succès de notre liste d'union aux européennes, le renouveau du RPR et hier encore le résultat des sénatoriales : je n'ai pas le sentiment d'avoir perdu mon temps.

Le Figaro : Avez-vous l'impression d'avoir trop parlé, dans le passé ?

Jacques Chirac : Peut-être ! (Sourire)

Le Figaro : En quoi avez-vous changé pendant cette cure de silence d'un an et demi ?

Jacques Chirac : Je ne crois pas que les hommes changent. Disons qu'ils peuvent approfondir leur réflexion. »

Il s'agit ici de mettre fin à un silence douloureux, marqué par la défaite de 1988 et la trahison de ses alliés politiques. Il s'agit aussi de revenir en force, avec un bilan très favorable, pour se jeter à nouveau dans la bataille. Le silence est ici invoqué comme un droit à l'oubli, pour entamer un nouveau chapitre.

Le silence comme stratégie de campagne présidentielle

Un candidat muet propulsé par les sondages comme le gagnant du second tour de la présidentielle. Dès 2010 et surtout durant l'année 2011, les rumeurs vont bon train dans la classe politique : Dominique Strauss-Kahn pourrait se présenter à l'élection présidentielle. Les premières études d'opinion le mentionnant font leur apparition dans les médias dès février 2010, le donnant gagnant à 52 % au deuxième tour contre Nicolas Sarkozy[1]. Face à cette montée en épingles médiatique, le candidat reste silencieux. À peine se permet-il quelques allusions dans une grande interview donnée à Laurent Delahousse dans le JT de France 2 – un tapis rouge déroulé pour clôturer le déplacement du président du FMI en France pour le G20. DSK ne lâchera rien : la France lui manque, il est heureux d'être à Paris pour quelques jours, il est évidemment toujours passionné par les questions de politique nationale. Cette stratégie des « petits cailloux » lui permet de semer de précieux indices tout en évitant toute déclaration officielle.

Le silence est ici encore l'instrument de la montée de l'attention, de la visibilité – même si elle est indirecte – et *de facto* du désir des Français. En restant sur la réserve, Dominique Strauss-Kahn fait parler et laisse parler de lui. Le silence accentue ce qui existe déjà, or, dans le cas de Dominique Strauss-Kahn, c'est un projet et un parcours non seulement valorisants mais aussi prometteurs. Président du FMI, il fait rayonner la France dans les institutions internationales. Professeur à Sciences Po Paris, il a enseigné l'économie à des générations d'étudiants et son expertise en la matière n'est plus à prouver. Socialiste et libéral, son programme politique est certes sur une ligne de crête, mais propre à faire consensus au sein de l'électorat de droite déçu par le sarkozysme et celui de gauche qui cherche un nouveau leader parmi ses éléphants. La

1. Sondage CSA pour *Marianne*, février 2010.

figure de sa femme, Anne Sinclair, journaliste connue et reconnue dans tous les foyers, joue également un rôle clé dans la sympathie spontanée éprouvée pour le couple. Nul besoin d'enrichir un *storytelling* un peu faible ou une personnalité timide. La carrière, la stature et la réputation parlent d'elles-mêmes : Dominique Strauss-Kahn est non seulement présidentiable, mais il est déjà envisagé comme le futur président élu. De plus, l'absence de candidature officielle empêche l'opposition de se former et d'organiser la contre-attaque. Évidemment, ce bloc de confiance sera finalement ébranlé par l'affaire du Sofitel puis du Carlton de Lille, et suivi d'une longue descente aux enfers. Et d'un silence politique qui, cette fois, ne devrait pas connaître d'issue.

En 2021, c'est sans doute le silence d'Éric Zemmour qui a créé une attente, si ce n'est comparable, au moins puissante et continue dans le débat public. Cette candidature sulfureuse effraie au moins autant qu'elle fascine. Outre le fait qu'elle brouille les cartes entre le journalisme d'éditorialisation et la politique, cette candidature use du silence sous un angle nouveau. C'est un silence de transformation : celui qui permet de quitter les habits du polémiste pour revêtir ceux du candidat. Un silence qui vise à valoriser la parole de l'un mais surtout à crédibiliser l'autre. Un silence de fait de transition : le polémiste continue à s'exprimer, mais tout le monde attend la parole du politique, du candidat.

Face au public, le silence s'avère également une arme redoutable pour remettre de la tension et de l'intensité dans un discours. Ainsi, dans un contexte et un style très différent, le silence d'une autre candidate – déclarée cette fois – à l'élection présidentielle a marqué durablement l'opinion. Lors de ses meetings en 2007, Ségolène Royal avait coutume de rester de longues secondes immobile et muette, avant de débuter son intervention. Une manière de donner à ses premiers mots un caractère sacré et solennel, presque évangélique. De se construire une stature nouvelle. Cela conduira le député des Landes Henri Emmanuelli à déclarer, au sujet du meeting du Zénith à Paris, que cette cérémonie trouve sa place « entre le show business et le rassemblement de secte[2] ». Lorsque le silence fait plus parler que les idées, on peut cependant s'interroger sur son efficacité et sa pertinence. Mais c'est ce silence préliminaire qui a sans aucun doute façonné en grande partie la candidate Ségolène Royal.

Le silence estival

L'été politique doit être court et les vacances studieuses. Depuis le fiasco de l'été 2003, les vacances du président et de ses ministres sont extrêmement encadrées et scénarisées pour ne pas laisser le silence – synonyme d'inaction – s'installer. Dès l'année 2004, Jacques Chirac demande à ses ministres de ne pas partir à plus de deux heures de la capitale. Des images de Jean-Pierre Raffarin en plein travail dans sa résidence sont envoyées aux médias et le ministre de la Santé Philippe Douste-Blazy enchaîne les visites d'hôpitaux pendant ses congés. L'utilisation de ces images qui ont vocation à permettre d'occuper positivement le

2. 29 septembre 2008, interview au Forum de radio J.

terrain médiatique durant tout l'été est une stratégie qui perdure encore aujourd'hui. Elle n'empêche pas quelques sorties de route majeures.

À peine élu, Nicolas Sarkozy passe quelques jours sur le yacht de Vincent Bolloré avant de partir aux États-Unis. Le silence estival – perçu comme la vacance du pouvoir – adjoint aux images de vacances luxueuses crée immédiatement la polémique. Les étés suivants se dérouleront à Brégançon et au cap Nègre, permettant de transmettre des clichés studieux à la presse. En 2011, à quelques mois de l'issue de son quinquennat, Nicolas Sarkozy demande même à ses ministres de demeurer en France, et de ne pas prendre de « vacances », mais seulement un peu de « repos ». La durée de la trêve estivale est abaissée à 21 jours. Sous la présidence de François Hollande, les vacances gouvernementales passent ensuite sous la barre des 14 jours, et sont là aussi accompagnées d'images et d'interviews montrant systématiquement les ministres au travail au mois d'août. Le dernier été de son quinquennat sera également marqué par une surenchère de communication sur ce point puisque le président demandera à ses ministres « des devoirs de vacances » : profiter de l'été pour réfléchir à la France de 2020 ! Le (court) silence estival est alors plus que jamais scénarisé comme le silence de la réflexion.

Mais l'été 2021 est cependant sans aucun doute celui qui rompt le plus profondément avec la tradition de la trêve estivale. Libérés pour quinze jours seulement, les ministres participent durant leurs congés à un Conseil des ministres et un Conseil de défense en visioconférence – participation d'ailleurs abondamment relatée sur les réseaux sociaux, notamment par Bruno Le Maire sur son compte Instagram. Ils enchaînent également les marques de mobilisation dans des entretiens donnés à la presse quotidienne régionale : « Dans tous les cas, je ne lâche pas mon téléphone et je pars avec les dossiers en cours », expliquait ainsi Marlène Schiappa dans les colonnes du *Parisien*. Enfin, les vidéos publiées presque chaque jour durant la première quinzaine d'août par Emmanuel Macron sur Instagram et TikTok ont également vocation à occuper le terrain et à renforcer encore la portée de la communication gouvernementale sur le sujet de la campagne de vaccination. Plus que jamais, l'été 2021 est construit et raconté comme un été de travail et de mobilisation, et surtout pas comme celui de la vacance du pouvoir. Cette configuration, devenue classique pour un été pré-élection, prend une tonalité particulière en 2021 avec la double crise sanitaire – liée à la montée du variant Delta – et sociale – illustrée par la mobilisation des anti-vaccins qui défilent chaque semaine et font profondément écho au mouvement des Gilets Jaunes. Le silence face au mécontentement n'aurait sans doute fait que jeter de l'huile sur le feu.

La stratégie de la carte postale

S'il existe un savant dosage de visibilité et de silence permettant d'installer positivement un dirigeant, il est souvent relaté sous la mention de « stratégie de la carte postale » qui consiste en la multiplication de courtes apparitions publiques – souvent préliminaires à un grand *come-back*.

Nicolas Sarkozy en a ainsi parfaitement usé en 2014. Si le silence avait suivi sa défaite de 2012, il opère un an et demi plus tard un tournant en multipliant à la fois les rencontres officielles – avec Angela Merkel notamment – et les soirées officieuses – en participant par exemple aux concerts donnés par sa femme Carla Bruni. Ces séquences d'exposition récurrentes, pauvres en déclarations mais toujours scénarisées pour être abondamment relayées dans les médias alimentent ainsi d'elles-mêmes l'hypothèse d'un retour en politique et d'une candidature en 2017.

Cette stratégie a deux avantages majeurs : tout d'abord elle permet d'envoyer des ballons d'essai pour tester l'adhésion de l'opinion et réorienter éventuellement la stratégie de communication très en amont. Par ailleurs, laisser les médias commenter ces séquences permet également de préparer le terrain à une annonce de candidature.

Parfois, l'objectif est d'être considéré rapidement comme une alternative crédible – un remplaçant sur le banc, prêt à se jeter dans l'arène. Pas de déclaration officielle pour cela, seulement une présence en deuxième ligne. C'est par exemple le cas d'Édouard Philippe, qui lors de la rentrée 2020 multiplie les sorties médiatiques, sur des sujets plus personnels – son goût pour la musique classique dans l'émission de David Abiker sur Radio Classique – ou uniquement de politique locale – la réunion de la République des Maires à Angers. S'il dément clairement vouloir se présenter en 2022 face à Emmanuel Macron, il crée par ces apparitions récurrentes un nouveau personnage, celui d'un ex-Premier ministre engagé et indépendant, peut-être prêt à prendre le relai en 2022 en cas de séisme, mais qui surtout laboure d'ores et déjà le terrain pour 2027. L'apogée de cette série de cartes postales médiatiques réside sans doute dans la publication de son livre, coécrit avec Gilles Boyer, *Impressions et lignes claires*. L'idée est puissante, mais la communication vacille immédiatement. Dans les médias, Édouard Philippe s'exprime à la fois directement, mais aussi par l'intermédiaire de Gilles Boyer, relais fidèle de sa vision et de ses ambitions mais aussi d'une parole différente, plus libre et ainsi plus incisive et tranchée. Le duo, affiché partout comme complice et évident, ne fonctionne pourtant pas à l'écran. Les cartes postales ont préparé le retour d'Édouard Philippe, pas celle d'un tandem. Sur le plateau de France 2, face à Laurent Delahousse, Édouard Philippe apparaît même extrêmement hésitant. Il est interrogé frontalement par le journaliste sur sa candidature pour 2022 : question pourtant parfaitement évidente et attendue, à laquelle il répond avec beaucoup d'hésitations, sous le regard impuissant de Gilles Boyer. La promesse lancée dans les cartes postales n'est pas tenue.

Le silence est à la fois un outil de mise en valeur du discours et un élément de discours lui-même. Aujourd'hui plus que jamais, au milieu du bruit médiatique, de la langue de bois et des éléments de langage, son usage a un sens particulier. Celui du refus du remplissage à tout prix et de la parole instantanée. Mais c'est également derrière le silence que se cachent les plus grandes révélations.

4.
Le paradigme de l'huître et du citron

Ou comment le journaliste est devenu l'irritant indispensable du politique

Les rapports entre journalistes et personnalités politiques relèvent de l'équilibre. Trop virulents et c'est la chute assurée. Trop complaisants, le fil n'est pas assez tendu, et le spectateur est incrédule face au spectacle qu'on lui propose. Aujourd'hui, la relation entre les journalistes politiques et nos dirigeants pose des questions qui vont encore au-delà de cet équilibre manichéen qui place systématiquement les uns en adjuvants ou en opposants des autres. C'est ce rapport de force constant qui est au fondement de la vitalité démocratique en permettant au journaliste de jouer le rôle de l'éternel challenger, du chien de garde qui sait à la fois entrer en contact et en résonance avec les dirigeants politiques mais aussi conserver la distance saine et nécessaire à la transmission de l'information. C'est cette capacité à être au plus près, mais aussi toujours distant, qui crée ce rapport singulier, fondé sur l'admiration et la méfiance, et ce lien unique qui réunit, des années après, interviewers chevronnés et élus.

Journalisme politique : de plume, de cape et d'épée

La crise des Gilets Jaunes a sans aucun doute marqué une puissante rupture dans le rapport des médias aux femmes et aux hommes politiques. Comment, alors que les affrontements et les tensions font rage dans les rues des villes françaises, ne pas retranscrire fidèlement ce rapport de force dans le jeu médiatique ? Il devient urgent de remettre au premier plan la rugosité des rapports entre médias et gouvernants et de montrer comment la relation de l'élu avec le journaliste est passée progressivement de la déférence à l'intransigeance. L'invité-majesté n'a plus lieu d'être et ce qui était auparavant perçu comme contre-intuitif – peut-on mettre au même niveau la parole d'un ministre, d'un chef d'État et celle d'un citoyen ordinaire ? – devient la clé de voûte des émissions politiques.

En septembre 2019, l'émission politique de France 2, « Vous avez la parole », animée par Thomas Sotto et Léa Salamé, est ainsi présentée comme le nouveau grand rendez-vous de la rentrée politique. Le lancement de l'émission fait l'objet d'un *teasing* appuyé, relayé par les grands médias nationaux et régionaux comme *Le Journal du Dimanche* et *Ouest France*.

« Vous avez la parole » succède le 19 septembre à « L'émission politique », et à « Des paroles et des actes » qui avaient déjà fait les grandes heures politiques de France 2. Alors que TF1 a abandonné depuis longtemps ce format – campagnes présidentielles mises à part –, France 2 prend le parti d'assumer son rôle de service public en proposant des émissions de décryptage et de débats politiques régulières, en *prime time*. La personnalité et les enjeux du premier invité, Xavier Bertrand, passent sans conteste au second plan, tant les médias s'attachent d'abord à décrire un format inédit, fondé sur le suspense, l'effet de surprise et surtout la confrontation. L'émission fait intervenir pas moins de douze personnalités autour de Xavier Bertrand. Des contradicteurs politiques bien sûr, comme Jordan Bardella ou Gabriel Attal, mais aussi l'économiste Philippe Aghion ou la journaliste Natacha Polony, ainsi que des membres de la société civile, citoyens ordinaires, infirmière, élue locale, jeune active. Ce sont d'ailleurs ces invités-surprises qui constituent peu à peu le cœur de l'émission. Choisis pour leur franc-parler, leur radicalité, leur capacité à défier sans complaisance les femmes et les hommes politiques, ces personnalités, connues ou non, inversent le rapport de force dans l'émission. Avec quinze personnes sur le plateau, Léa Salamé assume la possibilité d'une forme de « bordel », préférant « qu'il se passe des choses, qu'on ne s'ennuie pas et qu'il y ait des paroles vraies[1] ». Si l'invité descend dans l'arène, le public rechigne, dans un premier temps, devant le

1. « "Vous avez la parole" : politiques et société civile dans l'arène sur France 2 », *Le Monde*, 19 septembre 2019.

spectacle. Xavier Bertrand et Christophe Castaner font les plus mauvaises audiences du programme politique de France 2, avec 1,27 million et 1,2 million de téléspectateurs seulement.

Le 5 décembre 2019, Gérald Darmanin et Sibeth N'Diaye font face au secrétaire général de la CFDT et à la présidente du MEDEF, dans un format renouvelé, moins long, mobilisant moins de « challengers ». L'audience est la plus importante enregistrée pour cette émission : 2,19 millions de personnes. Le sujet central, celui des retraites, y est bien sûr pour beaucoup. Mais le rétropédalage de la chaîne pour proposer un format plus lisible permet également d'attirer et de garder les auditeurs. En effet, si la télévision a le pouvoir de starifier les candidats lorsqu'ils sont seuls en scène, ces formats atomisent complètement le débat lorsqu'ils sont trop nombreux. C'est à ce paradoxe, à première vue irréconciliable, que doivent faire face les grandes chaînes de télévision : celui de contribuer à la vitalité démocratique et à l'équité du temps de parole en recevant tous les candidats et en leur permettant d'échanger librement sur leurs programmes, tout en répondant à leur devoir de clarté et de pédagogie envers leurs téléspectateurs. Il paraît aujourd'hui urgent d'inventer de nouveaux formats de débat, capables de faire vivre le spectacle politique sous une forme efficace et intelligible.

Si la voix ne porte pas toujours, il reste la plume. Mais la presse écrite a également durci ses conditions et propose aux dirigeants politiques un espace d'expression plus encadré. Le 15 janvier 2018, le grand quotidien du nord de la France, *La Voix du Nord*, a annoncé sa décision de ne plus soumettre les interviews de responsables politiques à relecture par les intéressés avant parution. « Le pouvoir ne peut pas lire les articles à l'avance et les modifier. Nous prenons nos distances avec les politiques », avait alors expliqué Patrick Jankielewicz, le rédacteur en chef du quotidien. « À quoi bon publier des propos polis, lissés, rabotés, aseptisés par des communicants ? », s'interrogeait-il encore, relatant les interviews réécrites de A à Z, reformulant même les questions du journaliste.

La directrice du *New York Times*, Jill Abramson, avait pris une mesure similaire il y a quelques années, en refusant catégoriquement la relecture de toutes les interviews – quelle que soit la personnalité interviewée. Au *Monde*, la ligne est également très claire : pas de publication de l'entretien si le correcteur a la main trop lourde.

Serait-ce peu à peu la fin d'une pratique très française ? Les journaux étrangers ne cachent pas leur étonnement devant cette habitude et font souvent le choix de le faire savoir explicitement, comme en témoigne cette interview dans le *Guardian*[2] de François Hollande qui conclut par la formule suivante : « *In keeping with established practice in France, Hollande's quotes were approved prior to publication.*[3] »

En 2011, l'interview du président de la banque française BNP Paribas, Baudoin Prot, dans le média allemand *Handelsblatt*[4], reste sans aucun doute un cas d'école. Ne

2. Angélique CHRISAFIS, « UK will have to give up all EU perks after Brexit, François Hollande warns », *The Guardian*, 6 mars 2017.

3. « Conformément à la pratique établie en France, les citations de Hollande ont été approuvées avant publication. »

4. Robert LANDGRAF et Nicolas BASTIAN, « Können Sie nachts noch ruhig schlafen ? », *Handelsblatt*, 12 octobre 2011.

parvenant pas à trouver un accord lors de la relecture des citations, le média décide finalement de publier uniquement les questions et de laisser les réponses… en blanc. Dans la foulée, BNP Paribas avait publié l'interview intégrale – mais dans sa version corrigée et validée par la banque –, en anglais et sur son site. Une façon bien tardive de montrer que le groupe n'avait rien à cacher.

Animal politique et bête de scène

La trajectoire des candidats à l'élection présidentielle relève depuis plusieurs années d'une écriture à quatre mains : celles du candidat, celles des médias. Les journalistes ne sont plus seulement l'intermédiaire entre l'homme politique et ses électeurs. Ils font partie des rouages de la campagne, pensée et organisée pour la sphère médiatique – et au premier chef pour la télévision.

L'invention de la télévision de campagne date de l'élection présidentielle de 1965. À partir de cette date, chaque candidat peut disposer de deux heures d'antenne dans le cadre de la campagne officielle. La percée remarquée de Jean Lecanuet marque alors un tournant et achève de convaincre la classe politique que la télévision peut faire l'élection : « Voici notre première rencontre. Vous allez donner vos voix, il est bien naturel que vous connaissiez celui qui vous les demande, surtout lorsqu'il s'agit d'un homme neuf. Je dois donc me présenter à vous. Reconnaissez qu'il est très difficile de parler de cela. Enfin, essayons. Je suis Jean Lecanuet. J'ai 45 ans. C'est l'âge des responsables des grandes nations modernes[5]. »

Les interviews télévisées de campagne remportent dès lors un immense succès. Les théâtres débutent les représentations plus tard, pour permettre au public d'écouter les candidats. Les loueurs de téléviseurs observent une hausse très forte de leur activité. La presse retranscrit les verbatims de chaque allocution télévisée, assortis d'une analyse qui passionne les lecteurs. Jean Lecanuet enregistre la plus forte progression, salué par Jean-Paul Sartre, qui soutient pourtant François Mitterrand, comme « le véritable vainqueur du tournoi télévisé[6] ». Lors de la campagne pour le deuxième tour, le général de Gaulle et François Mitterrand disposent d'un temps d'antenne très encadré : deux fois quinze minutes puis une demi-heure les lundi, mardi et mercredi soir, entre 20 h 15 et 21 h 20. Le général de Gaulle endosse alors le rôle du candidat, prêt à toréer les journalistes, même si, en 1965, ces derniers n'ont pas vraiment de corne. Il accepte de sortir de sa réserve naturelle et fait preuve d'un certain humour, comparant la France à une maison : « La ménagère [qui] veut avoir un aspirateur, elle veut avoir un frigidaire, elle veut avoir une machine à laver, et même, si c'est possible, une auto : cela, c'est le mouvement. Et, en même temps, elle ne veut pas que son mari aille bambocher de toute part, que les garçons mettent les pieds sur la table et que les filles ne rentrent pas de la nuit : cela, c'est l'ordre. La

5. Alexandre Borrell, « 1965 : les candidats à la présidentielle crèvent le petit écran », *Parlement[s]*, 2005/2 (n° 4), p. 149 à 158.

6. *Ibidem.*

ménagère veut le progrès, mais ne veut pas la pagaille. Eh bien, c'est vrai aussi pour la France. Il faut le progrès et pas la pagaille. » Pour la première fois, le Général entre dans la cuisine des Français. C'est la première fois qu'un homme politique s'adresse à ses électeurs dans un registre spontané, presque décontracté et humoristique. Le filtre de la télévision vient d'être apposé sur le discours politique.

Il faudra toutefois attendre 1981 pour que les meetings de campagne soient à leur tour réellement pensés pour et par la télévision. Depuis l'élection du président de la République au suffrage universel direct, le meeting de campagne retransmis à la télévision est devenu le miroir de la personnalisation du pouvoir. Les conseillers traditionnels travaillent désormais main dans la main avec les métiers de la communication et de l'évènementiel, les scénographes, les designers, les éclairagistes et les producteurs pour créer l'étoffe du candidat, celle qui séduit les foules et permet de remporter l'élection. Les meetings, autrefois organisés par les militants pour le public physique qui composait la salle, puis pour la télévision, le sont aujourd'hui aussi pour les réseaux sociaux. Il s'agit de livrer un produit fini, avec les bonnes lumières, les meilleurs plans, les cadrages les plus forts. Si les performances scéniques doivent être fortes, leur relais vidéo reste néanmoins l'unique objectif.

Ces codes de scénarisation et de marketing politique restent ceux encore utilisés aujourd'hui. La scène est installée de façon à mettre le candidat à son avantage, face aux caméras. Le premier rang est constitué de proches du candidat, de sa famille politique, mais aussi de personnalités du monde du spectacle, afin d'attirer les regards mais aussi des nouvelles alliances, en témoigne par exemple la présence de Ségolène Royal aux meetings d'Emmanuel Macron. L'heure du meeting est choisie de manière à pouvoir bénéficier des reprises dans les journaux télévisés de 20 heures ou de 23 heures. Des chauffeurs de salle galvanisent le public, avant l'entrée triomphale du candidat sur scène, coordonnés grâce aux boucles créées sur des messageries cryptées comme Telegram.

Une nouvelle étape est franchie en 2007 : l'investiture de Nicolas Sarkozy comme candidat de l'UMP est marquée par la professionnalisation des images. Les plans transmis aux télévisions françaises sont sans équivoque : le survol des 60 000 militants au sein d'une scénographie tricolore spectaculaire rappelle les grandes conventions américaines. Le réalisateur Didier Froehly, sollicité par le candidat et bénéficiant d'un budget record de 3,5 millions d'euros, façonne l'étoffe de l'homme providentiel. Les journalistes, installés aux premières loges, alternent dans leurs reportages images filmées dans la salle et clips envoyés par les équipes des candidats. On se souvient du *showman* hors pair qui faisait vrombir ses militants lors des meetings de campagne. Nicolas Sarkozy avait lui-même théorisé le fait qu'il fallait offrir un spectacle populaire aux Français, comme le ferait un comédien ou un humoriste. L'enjeu était crucial : posséder la salle. Pour cela, ses équipes misaient sur l'ultra-scénarisation de ses meetings, arrivée par le fond de la salle sur une musique galvanisante, manches retroussées, démarche dynamique, prenant le temps de faire monter la ferveur. Sur scène, Nicolas Sarkozy alterne gravité et connivence, interpelle le public et perd des litres d'eau.

Cette transformation en animal de scène est, hélas, souvent temporaire. Si les candidats aux élections présidentielles sont des bêtes de scènes, les présidents s'engourdissent souvent au contact du quinquennat. Cinq ans plus tard, Nicolas Sarkozy semble avoir perdu tout sens du spectacle. La fonction présidentielle l'a fait entrer dans une forme de conformisme et de raideur. Lors de ses discours d'Annecy et de Marseille de 2012, il arrive sur le côté de la scène et se retrouve en quelques secondes devant le micro. Il ne quitte pas des yeux son discours, ne s'autorise aucune digression, aucun lâcher-prise, aucune improvisation. Ses équipes s'en expliquent difficilement : Nicolas Sarkozy aurait mis tant de temps à revêtir les habits du président de la République qu'il lui aurait ensuite été difficile de s'en émanciper[7].

En 2012, la place centrale occupée par les chaînes d'information en continu dans le paysage télévisuel français renforce encore la course aux images. La bataille du direct constitue une nouvelle occasion de montrer les meetings au plus grand nombre, dans des conditions proches du réel. Plus que jamais, la télévision est la caisse de résonance la plus puissante des messages des candidats. La diffusion des idées, des propositions et des promesses de campagne apparaît profondément corrélée à leur mise en scène. Les femmes et les hommes politiques savent depuis longtemps exister sur le terrain, dans leurs villes, dans les assemblées, face à leurs détracteurs ou leurs concurrents. Cependant, ces qualités doivent désormais résister au filtre médiatique,

---

7. Anna CABANA, « Sarkozy, réveillez la bête de Scène », *Le Point*, 22 février 2012.

qui a le pouvoir d'atténuer et d'exacerber tour à tour les réactions et les mots. Le discours politique transmis par la télévision met au centre les enjeux de captation, de démonstration par le geste, de maîtrise du discours, son rythme, ses intonations. La théâtralisation des échanges s'avère ainsi à double tranchant, puissant révélateur des forces et des faiblesses de chacun. De la même manière qu'il faut forcer sur le maquillage en coulisses pour avoir l'air naturel à l'écran, les candidats doivent forcer leur nature, amplifier leur gestuelle, leur force de conviction pour atteindre avec exactitude les téléspectateurs de l'autre côté de l'écran.

Journaliste et politique : la grande confusion des genres

La porosité entre l'univers de la politique et celui du journalisme est aujourd'hui à la fois inopportune et inévitable. Les allers-retours qui s'opèrent d'un univers à l'autre semblent pourtant commentés avec plus d'indulgence. Si la proximité entre ces deux mondes existe dans toutes les démocraties et revêt un caractère usuel, elle ne doit pourtant en aucun cas signifier qu'une forme de connivence s'est installée, au risque d'amplifier le soupçon originel qui persiste sur les relations qu'entretiennent nos dirigeants politiques avec le quatrième pouvoir.

Cet été, le retour de Manuel Valls en France s'accompagne de l'annonce de son nouveau rôle chez BFMTV et RMC. Il y devient en effet chroniqueur, à récurrence hebdomadaire, dans deux programmes de télévision et de radio. À l'image de Roselyne Bachelot qui, pendant plusieurs années, était intervenue dans plusieurs émissions sur LCI et avait rejoint l'équipe des « Grosses Têtes » de RTL, tout en animant sa propre émission, « 100 % Bachelot » sur RMC, l'ancien Premier ministre assume sa volonté de « contribuer au débat d'idées ».

Ces deux exemples ne font évidemment pas figure d'exception. Les années précédentes, différentes personnalités politiques avaient choisi de devenir chroniqueurs : Jean-Pierre Raffarin sur France 2, Henri Guaino chez Sud Radio, Aurélie Filippetti sur RTL, Julien Dray sur LCI. Des allers qui s'effectuent en général sans retour.

Ainsi, le recrutement de l'éditorialiste Bruno Roger-Petit comme porte-parole de la présidence de la République en 2017 déclenche une vague très forte de critiques. Auparavant, les journalistes Catherine Pégard et Claude Sérillon avaient pourtant conseillé Nicolas Sarkozy et François Hollande à des postes stratégiques et au plus près de l'exercice du pouvoir régalien. Pourtant, la nomination de Bruno Roger-Petit jette un éclairage nouveau sur la proximité qui existe et résiste entre politiques et journalistes. Vivement critiquée par l'hebdomadaire *Marianne* qui estime que « Bruno Roger-Petit récolte les dividendes de ses billets très favorables à Emmanuel Macron[8] », cette nomination entraînerait « un grand brouillage politico-médiatique ». Pour *Le Figaro Magazine*, « depuis quelques mois, son ardeur à soutenir Emmanuel Macron n'a pas pu être prise en défaut. Sa nomination en tant que porte-parole de l'Élysée apparaît davantage comme

8. « Récompense pour éditos lèche-bottes : le journaliste Bruno Roger-Petit devient porte-parole de l'Élysée », *Marianne*, 29 août 2017.

l'officialisation d'un rôle officieux que comme une réelle surprise.[9] »

En 2017, la proximité démontrée par le quinquennat Hollande avec les journalistes avait largement interrogé la presse étrangère. Outre le couple Hollande-Trierweiler, quatre de ses ministres étaient en couple avec des journalistes, tandis que de nombreux élus affichaient leurs proximités avec les barons des médias, souvent rencontrés lorsqu'ils étaient étudiants, en particulier à Sciences Po.

Cependant, la palme de la grande confusion des genres revient sans aucun doute à Éric Zemmour. En 2022, que reste-t-il de l'éditorialiste irrévérencieux qui a fait les grandes heures des émissions « On n'est pas couché » et « Ça se dispute » ? Sans aucun doute une maîtrise oratoire hors norme et la faculté à occuper tout l'espace sur un plateau de télévision. Il reste également du polémiste sa capacité à animer un combat d'idées et à assumer les positions les plus clivantes. Pour endosser définitivement la veste du candidat, celle de l'homme politique, il fallait sans aucun doute quitter celle du journaliste. Chez Éric Zemmour, cette transformation s'apparente à un reniement : « Moi, je tiendrai mon discours quelles que soient les réflexions des médias et des bien-pensants », lance-t-il ainsi à Lille le 2 octobre dernier. Celui qui a bâti sa notoriété nationale et son entregent grâce au journalisme politique se pose désormais en combattant féroce de la sphère médiatique. Le 30 novembre, son premier 20 heures face à Gilles Bouleau sur le plateau de TF1 démontre une nouvelle

9. Alexandre Devecchio, « Bruno Roger Petit à l'Élysée : le triomphe du pouvoir médiatique », *Le Figaro*, 29 août 2017.

fois l'hostilité très forte qu'il affiche face aux journalistes, qualifiant ainsi – en off – le présentateur de « connard » à la sortie du plateau. Interrogé par de nouveaux journalistes plus tard dans la soirée, il déclarera : « Gilles Bouleau, devant les autres il s'efface de façon larvaire, avec moi il s'est révélé un procureur pugnace, de mauvaise foi[10]. » Les prochaines semaines nous permettront d'observer si cette schizophrénie structurelle résistera dans le temps aux attaques de ses adversaires.

Le discours politique prend toute sa saveur au contact d'un journalisme politique indépendant et irrévérencieux. Qu'il soit surjoué ou réel, le rapport de force doit prédominer les relations entre journalistes et grands élus pour permettre à chacun d'exceller. À l'image du citron, le journalisme politique est un puissant exhausteur de goût, doté de la faculté de redonner au discours politique toute sa puissance.

10. Interview donnée à BFMTV le 30 novembre 2021.

5.
De l'émergence de la figure du con

Ou comment la vulgarité et la violence ont désormais une place de choix dans le débat politique

Les hommes politiques auraient-ils finalement quitté les cercles feutrés du pouvoir ? Dans les assemblées, sur les plateaux des chaînes de télévision, lors des meetings, des déplacements officiels, les chuchotis institutionnels semblent avoir peu à peu laissé place à la langue sonore de la rue. Qu'il soit le fruit d'une stratégie concertée ou celui d'un dérapage incontrôlé, le coup de sang semble s'être imposé comme un nouveau standard d'expression face aux électeurs.

Les Français ont sans aucun doute développé ces dernières années une forme d'attente face à ces scènes de lâcher prise, où l'homme politique normé quitte le registre du raisonnable pour exposer sa colère. Tout comme ils espèrent et redoutent secrètement à la fois que le funambule tombe de son fil.

« Casse-toi, pauv' con. » En 2008, au salon de l'agriculture, Nicolas Sarkozy répond dans ces termes à un visiteur refusant sa poignée de main. Une formule-choc qui fait rapidement le tour de l'Europe, reprise dans toutes les langues par les grands médias. Alors qu'il avait fondé sa campagne sur des promesses de renouveau et de rupture, la première année de son quinquennat est profondément marquée par ce dérapage qui, de son propre aveu, contribue à « rabaisser la fonction présidentielle[1] ». Si l'invective est un élément classique et usuel dans la lexicologie politique – déjà théorisée par Cicéron –, son usage a pris ces dernières années une tournure nouvelle.

En politique, le con est celui qui s'oppose, celui qui s'insurge. C'est paradoxalement celui qui est à la fois stigmatisé par une partie de la classe politique et celui qu'il faut conquérir en adoptant ses codes jusqu'à l'absurde. Symbole de la haine des électeurs et du mépris des élus, alibi pour permettre aux dirigeants politiques d'exister dans le débat public grâce à des prises de position radicales, la figure du « con » est devenue un élément central de la communication politique. Déclinée sous toutes les formes, la figure du con porte en elle un risque majeur, celui de permettre l'émergence d'une violence à la fois puissante et décomplexée dans le débat public.

Dans ce cadre, doit-on s'attendre à ce que l'émergence de la figure du con marque le début d'une ère politique

---

1. *Le Temps des Tempêtes*, Paris, L'Observatoire, 2020.

fondée sur l'utra-violence ? Le modèle américain incarné ces dernières années par la communication injurieuse de Donald Trump n'a rien de rassurant. Alors que la violence verbale devient peu à peu une nouvelle donne de la grammaire politique, c'est évidemment l'image de l'État qui se trouve profondément fragilisée.

Il faut pour cela dissocier deux grandes tendances parallèles qui contribuent à donner à la vulgarité et à la violence une place de choix dans le débat politique : la brutalisation des échanges – via la culture du « coup de gueule » – et l'émergence du « faire-semblant spontané » – qui vise à permettre de réduire la distance avec ses interlocuteurs en adoptant un registre relâché artificiellement. Ces dernières années ont également été marquées par des séquences qui ont largement outrepassé les règles de l'opposition politique : les propos outranciers, la violence physique et le cyber-harcèlement constituent aujourd'hui les nouveaux tenants d'un débat politique en pleine recomposition.

L'ère de la politique grossière

Le 4 janvier 2022, *Le Parisien* publie dans la soirée une interview fleuve du président Macron. Parmi différents sujets, il s'exprime notamment sur le passe vaccinal et affirme : « Les non-vaccinés, j'ai très envie de les emmerder. »

Au-delà de la formule grossière qui contribue sans aucun doute à dévaloriser la fonction et la stature présidentielle, cette petite phrase marque une réelle rupture avec les précédentes. Le « Casse-toi, pauv' con » de Nicolas Sarkozy s'adressait à une personne ciblée, dans un contexte particulier, sous pression. Il s'agissait déjà pour autant d'un véritable dérapage politique. Ici, la formule est choisie de façon consciente et réfléchie – l'interview a d'ailleurs sans aucun doute été relue et validée par l'Élysée – et s'adresse à toute une frange de la population. L'affront change ici d'échelle. Par ailleurs, dans le cas de Nicolas Sarkozy, le sujet de l'attaque était personnel. Ici, il est politique, ce qui marque une autre différence fondamentale. Nous sommes sans conteste entrés dans l'ère de la politique grossière, dans laquelle même le camp des plus modérés semble se complaire.

Sans doute organisée lors des derniers jours de décembre, cette interview, à travers cette phrase-choc, contraste également fortement avec les vœux très lisses qui avaient été présentés aux Français. À quelques jours d'intervalle, la volonté très assumée de cliver fortement le débat public n'est ainsi pas un accident. Cette stratégie de l'aspérité a été pensée comme un jalon dans cette séquence pour 2022. Néanmoins, le décalage qui en résulte est extrêmement perturbant et perturbateur pour le débat public. Cette poursuite de la course à la transgression entamée par le président dès 2017 pose ici une question fondamentale : comment faire cohabiter deux personnages – le président père de la Nation et le candidat offensif et offensant – pendant encore cent jours, jusqu'à l'élection présidentielle ? Cette duplicité – rendue ici éclatante par cet écart de langage – semble de nature à créer le doute chez les électeurs.

Dans ce cadre, plus que jamais, la communication prend le contrôle de la politique. À l'heure où j'écris ces lignes, on peut sans mal imaginer que cette formule puisse devenir « le mot » de la campagne et le slogan fédérateur de l'opposition anti-Macron. Un faux pas d'autant plus important que sur le fond, la lassitude des 90 % de vaccinés face aux anti-vax ne fait aucun doute.

Jean-Luc Mélenchon : la stratégie du coup de gueule permanent

L'invective est indéniablement devenue le meilleur moyen de faire parler de soi. Elle est souvent revendiquée comme une fulgurance spontanée du langage, le trait d'une personnalité éclatante et d'une parole franche même si son usage relève souvent de la stratégie électorale. Jean-Luc Mélenchon est ainsi l'artisan de coups d'éclat presque quotidiens qui ont contribué à forger un personnage complexe, très identifiable par son positionnement radical et sa communication sans filtre. Ses colères, parfois calculées, semblent souvent réelles, notamment face aux journalistes. En 2012, il scandait lors de sa campagne : « Je suis le bruit et la fureur, le tumulte et le fracas. » C'est d'ailleurs en partie ce positionnement combatif qui lui a permis d'attirer et de conserver une frange de la gauche protestataire au sein de son électorat.

Jean-Luc Mélenchon assume tirer parti de la rage qu'il revendique chaque jour, dans les meetings politiques, les tribunes des quotidiens, les studios de télévision. Cette colère permanente est devenue son signe distinctif, sa marque de fabrique. Ses prises de parole sont marquées par des propos d'une rare violence contre les riches et les élites au sens large : « Vous allez payer, messieurs-dames les riches. […] Votre argent pue, vos méthodes sont dégoûtantes. »

Enfin, à plus de 70 ans, sa haine des journalistes reste vivace : « Je hais votre corporation », avait-il ainsi asséné en 2013 à une journaliste du *Point*. Ce qui ne l'empêche pas d'avoir son rond de serviette dans toutes les grandes émissions politiques depuis des années. Il parcourt les plateaux de télévision qui s'arrachent ce bon client, tout en critiquant ouvertement la « meute que l'odeur du sang affole ».

Cette stratégie du coup de gueule permanent semble néanmoins avoir trouvé ses limites depuis quelques années. Les multiples dérapages de Jean-Luc Mélenchon ont mis à mal la crédibilité de son mouvement. Tout le monde a en mémoire les images de Jean-Luc Mélenchon s'écriant « La République, c'est moi » lors de perquisitions au siège de LFI, en octobre 2018. Le 6 juin dernier, ce sont ses propos sur les attentats « écrits d'avance » qui auraient lieu avant chaque élection présidentielle, qui ont semé le désordre dans ses rangs. De là à le soupçonner de céder aux sirènes du complotisme, il n'y a qu'un pas.

Le coup de gueule ne ferait-il plus recette ? Il a en tout cas créé chez les partisans de la France Insoumise une forme de lassitude qui ne suscite plus l'adhésion. Comme les éléments de langage, le coup de gueule peut aussi devenir galvaudé.

Éric Zemmour : scénariser la violence

Plus sans doute que nul autre, le candidat Éric Zemmour a su faire de la violence, prétextant le rejet systématique du conformisme, un puissant actif de campagne.

Qu'elle se manifeste à travers le doigt d'honneur adressé à une opposante à Marseille le 27 novembre, ou à travers les images sur lesquelles il braque un fusil de haute précision sur les journalistes au salon Milipol le 20 octobre, l'agressivité, la provocation et l'hostilité sont depuis l'été 2021 les fils rouges de ses déplacements et de ses interventions.

L'apogée de cette séquence est sans aucun doute sa vidéo de déclaration de candidature mise en ligne le 30 novembre. En rompant avec les codes traditionnels d'une déclaration de candidature en direct, souvent sur un plateau de télévision, la vidéo – enregistrée deux semaines avant sa diffusion – met en scène Éric Zemmour lisant un texte, assis face à un micro, poussant à l'excès dans sa posture le parallélisme avec le discours du 18 juin prononcé par le général de Gaulle.

La vidéo alterne, durant neuf minutes, des images clipées de violences urbaines, des extraits de film et des images d'archives – dont il ne possédait pas les droits. Un papier du *Monde*[2] démontre ainsi que, sur les 9 minutes de vidéo, 39 % des images sont empruntées à des sources extérieures, à des films, des archives, 27,8 % représente Éric Zemmour, lisant son texte et 33,2 % montrent des scènes du candidat en campagne. Cette vidéo sera interdite aux mineurs quarante-huit heures plus tard par Youtube, en raison de la diffusion d'images jugées violentes : altercations gare du Nord, vidéosurveillance d'un homme agressif aux

2. https://www.lemonde.fr/les-decodeurs/article/2021/12/03/le-clip-de-campagne-d-eric-zemmour-decortique-114-sequences-empruntees-et-quelques-contre-sens_6104627_4355770.html

urgences de Narbonne, tirs de mortiers contre le commissariat de Champigny-sur-Marne, etc.

Mais au-delà des images elles-mêmes, c'est bien le montage même de cette vidéo qui la rend particulièrement anxiogène : plans saccadés, images juxtaposées de violence suggérant la peur, candidat qui refuse de regarder la caméra pour ne pas rentrer dans le jeu de séduction habituel mais montrer sa détermination, *7e symphonie* de Beethoven qui donne une intensité particulière à certains mots et à certaines scènes. Lors de la publication de sa vidéo, les commentateurs et les journalistes sont ainsi nombreux à avoir évoqué « la politique à l'ère Netflix », celle dans laquelle les images simplistes et caricaturales sont les seules à captiver les auditoires et à mobiliser les foules.

Éric Zemmour a parfaitement repris à son compte les codes de notre société médiatique : celle dans laquelle un inconnu peut désormais émerger en quelques semaines et devenir incontournable sans avoir à « faire ses classes », être élu localement, faire campagne plusieurs années pour accéder peut-être – et souvent après plusieurs échecs – à des responsabilités nationales.

Mais sur le fond, la rupture est encore plus nette. La narration qu'il choisit, le grand roman national qu'il décide de raconter est celui de la peur : « Longtemps, vous avez cru être le seul à voir, à entendre, à penser, à craindre. Vous avez eu peur de le dire, vous avez eu honte de vos impressions. [...]. Et puis, vous l'avez dit à votre femme, à votre mari, à vos enfants, à votre père, à votre mère, à vos amis, à vos collègues, à vos voisins. Et puis, vous l'avez dit à des inconnus, et vous avez compris que votre sentiment de dépossession était partagé par tous. La France n'était plus la France, et tout le monde s'en était aperçu. » Cette dialectique de la peur n'était certes pas étrangère aux discours et au programme du Rassemblement National – notamment sous l'ère de Jean-Marie Le Pen – mais elle prend cette fois une tonalité nouvelle sous la plume et par la voix d'Éric Zemmour. Le candidat chercher ainsi à réactiver dans les consciences des peurs et des hantises très anciennes : celle de l'invasion, celle du déclin – économique, militaire, technologique, démographique –, celle d'une Europe « colonisée par les anciens colonisés », celle d'une mondialisation hors de contrôle.

Lors de ses vœux aux Français, adressés aux moyens d'une vidéo le 31 décembre 2021, il assume à nouveau le choix d'une tonalité à la fois anxiogène et combattive, fustigeant le « quinquennat cauchemardesque de Macron [...] fait d'un néant présidentiel ». En incarnant la politique de la peur, Éric Zemmour crée un clivage nouveau sur la scène politique française : la rhétorique zemmourienne appelle clairement à se battre et non à débattre. C'est d'abord un « *call to action* ». C'est sans doute là que réside, de fait, une part importante de sa radicalité.

La stratégie du « faire-semblant spontané »

Au-delà de ces exemples récents, il semble que la vulgarité a infusé les discours de l'ensemble des personnalités politiques clés lors des derniers quinquennats. Ces dernières années ont été marquées par un lâcher-prise flagrant dans le choix des mots d'une grande partie de la classe politique. Les grossièretés, les termes vulgaires et les expressions relâchées ont éclos dans la bouche d'une grande partie de l'exécutif et dans celle de l'opposition. Sur France Inter, le 31 août 2020, Valérie Pécresse s'exprimait ainsi sans précaution oratoire aucune : « Je propose qu'on aille vers des sanctions qui frappent le délinquant, des sanctions qui l'emmerdent, plus qu'il n'emmerde la société. » La même tonalité était perceptible chez Gérald Darmanin le 14 septembre 2020 : « Il y a tous les jours des associations, des parents, des policiers, des élus locaux qui luttent contre cette merde. On va pas légaliser cette merde. [...] Ma façon de les aider, c'est de lutter contre ces trafics, mais aussi de passer un message de fermeté. La drogue, effectivement, c'est de la merde ! » Comment expliquer cette soudaine apparition dans la bouche d'élus respectables et policés ? Évidemment, il s'agit avant tout d'être entendu et écouté. La petite phrase assassine, reprise systématiquement et immédiatement dans les dépêches AFP permet souvent de percer le mur du son politique. Ensuite, il y a la volonté d'être authentique et proche des électeurs : parler de manière familière – voire très relâchée – démultiplie les chances d'être entendu de tous. Dans ce contexte, la vulgarité est un artifice mis au service d'une communication de proximité. Il s'agit d'apporter la preuve que les élus ne sont pas cantonnés à leur tour d'ivoire et sont capables de parler des sujets quotidiens, avec les mots du quotidien.

Par ailleurs, il est intéressant de remarquer que ces deux derniers exemples concernent des questions de sécurité. Un sujet sur lequel la parole est particulièrement codifiée et martiale. Il s'agit donc de passer un nouveau cap, et de gonfler encore la puissance et l'impact des mots. Que reste-il une fois que les formules d'« urgence nationale » ou de « nécessité absolue », ont été tellement usitées qu'elles se sont vidées de leur sens ? La vulgarité permet à la fois de créer un effet de surprise et de donner un poids nouveau aux mesures : elle est une stratégie à part entière pour exister dans le débat public et imprimer rapidement sa marque.

Ce relâchement lexical n'a ainsi souvent rien de naturel. Emmanuel Macron s'y est également pleinement adonné au moment de la crise des Gilets Jaunes : « Il faut chercher un job plutôt que mettre le bordel », « On met un pognon de dingue dans les minima sociaux », « C'est pas open-bar, les enfants. » Autant d'exemples criants dans lesquels les dirigeants se mettent en scène et sous-jouent leur intelligence en adoptant des formules familières pour convaincre et se rapprocher plus ou moins subtilement de nouvelles bases électorales.

Si la vulgarité est souvent le signe d'une domination de la passion et des émotions sur celle de l'esprit et de la raison, il s'agit également pour les dirigeants de se montrer sous un jour nouveau, celui de femmes et d'hommes qui écoutent leur cœur et leurs tripes, loin de l'image souvent froide et techno qui leur colle à la peau.

La confrontation Christine Angot – François Fillon : le plateau comme défouloir

Il est également des séquences dans lesquelles les mots n'ont pas besoin d'être vulgaires et déplacés pour abîmer définitivement le débat. C'est incontestablement le cas du duel entre Christine Angot et François Fillon sur le plateau de « L'Émission politique ». Cette séquence de 8 minutes est sans doute l'une des plus marquantes de la campagne de 2017. Loin des débats codifiés qui rythment habituellement une campagne présidentielle, David Pujadas et son équipe prennent le parti pris de faire venir sur le plateau, comme « invité mystère » la romancière Christine Angot, qui avait publiquement fait connaître ses convictions de gauche et demandé à François Hollande de se représenter dans une lettre ouverte parue dans la presse. Le casting était pourtant bien choisi : le candidat résilient face à la romancière à succès, la confrontation, à un moment clef de l'élection, du réel et de la fiction dans un studio de télévision. Pourtant, Christine Angot alterne, avec une forme de rage, attaques directes, ironie et dédain face à François Fillon qui entre dans une colère froide. L'apogée de cette séquence est sans nul doute celle où Christine Angot questionne François Fillon sur les propos qu'il a tenus lors de sa longue introduction, avouant être un homme profondément blessé : « Le pompon de toute cette histoire, c'est le coup de Bérégovoy. Est-ce que vous nous faites un chantage au suicide? », déchaînant le public présent dans le studio – certes en grande partie constitué de militants et d'amis de François Fillon. Jamais pourtant un débat dans le cadre d'une campagne présidentielle n'avait atteint ce niveau de haine et généré un tel malaise.

Il est possible d'en tirer trois leçons majeures. D'abord sur la façon dont les producteurs choisissent ces « invités surprises », destinés à cliver profondément l'émission : il est évident que dans cette séquence, le duel Fillon-Angot abîme profondément le débat démocratique. La deuxième leçon porte justement sur la destruction de l'échange induit par ce type de séquence, qui se résume finalement à un monologue haineux, dans lequel François Fillon tente plus ou moins de se défendre, sans espace pour argumenter. Enfin, il est évident que ce face-à-face a vocation à permettre un déchargement émotionnel, d'ailleurs clairement explicité par Christine Angot : « Derrière l'écran, les gens sont dans le même état que moi. » Enfin, le plateau de télévision est ici un défouloir public et perd sa raison d'être originelle : celle d'informer, de présenter les faits et les options avec mesure et rationalité. Il semble utile de rappeler que ces séquences, guidées uniquement par l'émotion, ne servent définitivement ni le débat d'idées ni la vitalité démocratique.

Violence symbolique et violence physique : gifles et gilets jaunes

À la violence des mots se substitue désormais de façon récurrente celle des actes. Jean-Luc Mélenchon et François de Rugy aspergés de farine durant la campagne des régionales, Emmanuel Macron giflé en pleine rue. Ces agressions désormais récurrentes dans le paysage politique – on se souvient également de la gifle assénée à Manuel Valls en Bretagne en 2017 – semblent symptomatiques à la fois d'une détestation généralisée des dirigeants mais aussi d'un affolement du débat public au moment des campagnes nationales ou locales.

Cette violence décomplexée fait sans aucun doute suite dans le cas de ces derniers mois à un quinquennat marqué par la radicalité – induite par la crise des Gilets Jaunes –

et l'instabilité – générée notamment par la pandémie. Cette configuration a contribué à une forme d'agrégation des colères et des peurs et à une perte de confiance démultipliée envers les dirigeants politiques.

La violence physique est également sans doute en partie le fruit d'une désacralisation des corps des dirigeants, exposés et banalisés à outrance, notamment dans les médias et sur les réseaux sociaux. Un président faisant son jogging, exultant lors d'un match de football ou même tenant la main ou la taille de son épouse est un président qui expose un corps physique qui se substitue peu à peu au corps institutionnel, intouchable et sacré. La présence des hommes politiques sur les réseaux sociaux a également largement contribué à désacraliser leur image d'homme d'État. Ainsi, quel point commun entre Bruno Le Maire, membre clé du gouvernement dans le bureau de son ministère et la photo hirsute qu'il affiche sur Instagram, buvant son café dans un jardin, vêtu d'un tee-shirt reprenant une phrase de dessin animé ? Pour nombre de ses followers, cette photo est une marque de proximité. Pour certains de ses opposants – et on ne peut que le regretter – c'est une exposition de l'homme, qui ouvre donc la voie à des attaques personnelles. Cette banalisation poussée à l'extrême a même conduit certains manifestants lors des mouvements des Gilets Jaunes à scander dans les cortèges : « Louis XVI on l'a décapité, Macron on peut recommencer. » Puisque l'homme s'expose, l'homme devient une cible.

Il en résulte que l'usage de la violence physique, qui semble souvent prémédité par ailleurs, est devenu une option envisageable, lors des altercations entre les hommes politiques et leurs électeurs. Phénomène isolé certes, la matérialisation physique de la haine envers les politiques pose néanmoins la question de sa propagation, notamment au sein des groupes radicaux. Certes, la violence qui touche ponctuellement les hommes politiques conserve un caractère très diffus, tandis que les groupes radicaux – et en particulier les Black Blocks – sont devenus des mouvements très organisés et mobiles ; mais il est difficile de ne faire aucun lien entre l'émergence de l'un et le développement de l'autre.

Une guerre sans fin contre les trolls

Il existe un autre espace public dans lequel la violence – et ceux qui la véhiculent – est particulièrement virulente : l'espace digital. Il s'agit en particulier des blogs, des forums et des réseaux sociaux – Twitter et Facebook au premier plan. Face à ce constat, plusieurs questions se posent. Tout d'abord : quels sont l'apport et l'impact d'internet dans l'émergence de la vulgarité et de la violence dans le débat public ? La banalisation de la violence en ligne est un fait sur lequel tous s'accordent. L'affaire « Mila » est devenue le symbole de la brutalisation des échanges en ligne et de l'impunité dont jouissaient jusque-là les cyberharceleurs.

Pour les personnalités politiques qui croyaient avoir le cuir épais, l'arrivée sur Twitter est souvent un choc. Poussées par leurs conseillers à être présent et engagé sur les réseaux sociaux, elles se trouvent confrontées à une nouvelle forme de violence politique, sur laquelle elles ont peu de prise. Christine Boutin réagissait ainsi en 2019 dans *Le Point*[3] : « Je reçois des bordées d'insultes tous les jours. Il y a eu des photomontages de moi à partir d'une photo prise quand j'ai eu mon malaise à cause des gaz lacrymogènes de la Manif pour tous : on m'a mis un corps nu avec un dessin de l'*Origine du monde*. J'ai dû bloquer des milliers de personnes. » C'est aussi le cas pour des dirigeants politiques plus jeunes et pourtant plus aguerris aux codes du digital comme le député Julien Aubert : « Quelqu'un a fait un faux compte en usurpant mon identité. Il a tenu des propos homophobes. J'ai reçu des menaces de mort à cause de ça. Et des années après, des gens pensent que je suis homophobe. »

Plusieurs thèses s'opposent sur l'agressivité sans borne qui règne sur les forums et les réseaux sociaux. Cette agressivité est-elle simplement rendue visible sur ces nouveaux espaces conversationnels ou est-elle démultipliée par le sentiment d'anonymat ? Les appels au meurtre ou au viol se multiplient également depuis plusieurs années envers des journalistes, des femmes et des hommes politiques, des commentateurs du débat public. Cette forme de lynchage systématique prend des proportions inégalées par leur virulence et le nombre de personnes mobilisées. Pourtant, elle est souvent justifiée comme « une distraction » par ses acteurs, qui revendiquent une incompréhension des codes qui sont ceux des réseaux sociaux. Forme de résurgence des tribunaux populaires, les condamnations sur les réseaux sociaux – sous couvert de libérer la parole – sont aujourd'hui

---

3. « Les politiciens, cible privilégiée du cyberharcèlement », *Le Point*, 9 juillet 2019.

devenues une arme très puissante de déstabilisation pour le débat politique.

La godwinisation[4] du débat politique

En juillet 2021, les annonces d'Emmanuel Macron relatives au passe sanitaire créent une nouvelle vague de protestation au sein du débat public, notamment au sein de la communauté « anti-vaccins » qui amplifie sa mobilisation. Le pass sanitaire est très vite assimilé à l'étoile jaune lors des manifestations et sur les réseaux sociaux. Ce détournement des symboles de l'holocauste – l'inscription « le pass sanitaire rend libre » est également utilisée à Reims, sur une photo retouchée du portail d'Auschwitz diffusée sur les réseaux sociaux – crée très vite une grande émotion dans l'opinion publique. Au point que Joseph Szwarc, rescapé de la rafle du Vèl d'Hiv, prendra la parole le 18 juillet dans le cadre de la Journée d'hommage aux Justes de France pour dénoncer « cette comparaison odieuse ». Ce nouvel usage outrancier des références à la Seconde Guerre mondiale poursuit un mouvement très insidieux de banalisation de l'Histoire porté au premier chef par certains dirigeants politiques. Le maire PS d'Angoulême s'était exprimé en 2019 sur les jeunesses UMP dans ces termes : « Si nous étions pendant la Seconde Guerre mondiale, elle ferait partie des Jeunesses

---

4. En référence à la loi de Godwin, énoncée en 1990 par Mike Godwin : « Plus une discussion en ligne dure, plus la probabilité d'y trouver une comparaison impliquant les nazis ou Adolf Hitler s'approche de un. »

hitlériennes. » De même, Laurent Wauquiez, lorsqu'il était ministre de l'Enseignement supérieur, avait pris la défense des classes moyennes avec ces mots : « En Allemagne, la République de Weimar est tombée et ensuite on a filé le témoin à Hitler, parce qu'on ne s'est pas occupé des classes moyennes. »

Si ces références ont infusé un certain nombre de discours institutionnels, elles prolifèrent véritablement sur les réseaux sociaux. Les références compulsives au régime nazi, qui incarne la boussole du mal, constituent souvent le cœur des échanges sur les forums de jeux vidéo, mais aussi de cuisine, de bricolage, etc. Évidemment, la volonté de choquer à tout prix, d'outrepasser les dernières limites de la vie en société en convoquant l'épouvantail absolu du mal fait désormais partie des arguments convenus pour expliquer la prolifération de ces références. Il reste que les dirigeants politiques doivent désormais composer avec ce référentiel qui leur est opposé de façon de plus en plus fréquente sans jamais céder à la tentation de réutiliser ces arguments à leur compte. Cela reviendrait à faire primer la loi de Godwin – et donc le refus de l'argumentation – sur le débat d'idées.

La volonté de choquer et de dépasser le cadre convenu du débat politique a évidemment comme effet de braquer instantanément les projecteurs, ce qui est essentiel dans un espace devenu extrêmement concurrentiel. Cependant, au-delà de ce qui relève d'une stratégie de visibilité, la violence et la vulgarité qui irriguent désormais les discours politiques constituent sans aucun doute une façon de fuir le débat et d'y mettre un terme en le décrédibilisant instantanément. Pour cela, tous les coups sont permis. Que reste-t-il du débat politique lorsque la stratégie plébiscitée est de le clore le plus rapidement possible ? L'émergence de la figure du con semble donc conduire à la mort des idées. La boucle est bouclée.

6.
Le Cœur de la raison

Larmes de conviction massive

Le funambule est à la fois celui qui crée l'émotion, et celui qui sait y résister. Il est l'artiste suspendu qui génère admiration et effroi. Il est traversé par ces émotions qu'il accepte et partage, sans pour autant en être déstabilisé au point de chuter.

Ces quinze dernières années, le choc des émotions a profondément changé le cours du temps politique et l'a obligé à se mettre à son diapason. Ce sont ainsi trois quinquennats traumatisants que les présidents ont dû accompagner de leurs mots. Marquées par des attentats inédits sur le territoire national, une pandémie particulièrement virulente à l'origine du décès d'au moins cent mille personnes en France, des démonstrations de violence récurrentes et des crises économiques et sociales sans précédent, ces dernières années ont contraint les présidents à délaisser la parole strictement institutionnelle pour devenir l'émetteur et le réceptacle de l'émotion. Il s'agit donc d'observer comment l'empathie, la compréhension, mais aussi la joie immense ou encore la colère, l'angoisse et la tristesse ont cannibalisé une partie du discours politique et médiatique, jusqu'à prendre parfois le pas sur la raison.

Le discours d'émotion

Face à des situations à forte charge émotionnelle, la société attend de fait une connexion à sa propre émotion de la part des présidents. Dans son désormais célèbre discours de Dakar, en 2008, Nicolas Sarkozy avait ainsi pu affirmer : « Je crois moi-même à ce besoin de croire plutôt que de comprendre, de ressentir plutôt que de raisonner, d'être en harmonie plutôt que d'être en conquête… » L'expression de l'émotion est donc devenue une composante à part entière du discours politique. Elle ne relève désormais plus seulement du dérapage, mais peut être volontairement montrée et utilisée.

Que l'on pense aux sanglots à peine refoulés de Nicolas Hulot lors de sa démission en direct sur France Inter, aux larmes de Barack Obama lors de son discours de janvier 2016, évoquant les enfants qui perdent la vie chaque année dans des fusillades, ou aux yeux humides de Ségolène Royal après sa défaite à la primaire socialiste en 2011, le dirigeant politique « pleure » de façon de plus en plus explicite devant les caméras. Qu'il s'agisse d'une tristesse sincère ou d'un « coup de com' », ce partage de l'émotion – souvent dans des séquences en direct – fait reculer un peu plus les limites entre la sphère privée et la sphère publique.

Outre les politiques, le champ de l'émotion est aujourd'hui investi par les dirigeants de toutes les sphères. Parmi les grands patrons, le discours d'Emmanuel Faber à HEC en 2016 avait particulièrement marqué les esprits. Devant les jeunes diplômés, il prend la parole durant neuf minutes pour livrer un récit très intense et très intime. Il y décrit notamment son désarroi lorsqu'il accompagnait son frère schizophrène, décédé quelques années plus tôt. Il termine son discours par un *call for action* métaphorique : « Qui est votre frère? », appelant les jeunes diplômés à s'engager en faveur de la justice sociale et de la protection de l'altérité. Ce discours, visionné par plus de 900 000 personnes en ligne, a très vite été perçu comme la marque d'un dirigeant différent, plus humain et humaniste, et cette perception a rejailli instantanément dans le débat public sur l'entreprise qu'il dirigeait. La vidéo sera d'ailleurs mise en ligne sur le compte Youtube officiel de Danone, lui donnant une dimension *corporate* surprenante. Ce discours sera un marqueur d'image important pour Emmanuel Faber – *L'Express* titrera quelques mois plus tard en Une « Le Moine Soldat », faisant état de l'engagement continu du grand patron pour les populations défavorisées à travers le monde – et pour l'entreprise qui bénéficie, malgré son départ, d'une perception très favorable sur les sujets d'engagement RSE. Impossible de ne pas faire de parallèle avec le discours de Steve Jobs devant les étudiants de Stanford en 2005, qui défendait des valeurs et des aspirations qui dépassaient largement le cadre économique de l'entreprise.

Depuis plusieurs années, certains évènements trouvent un écho tel qu'ils font subvenir de véritables vagues d'émotion qui submergent l'espace public et contraignent désormais les dirigeants politiques à réagir. Le 2 septembre 2015, la photo du petit Aylan gisant sans vie sur une plage de Turquie avait suscité des réactions unanimes de toute la classe politique : jugée « insoutenable » par François Fillon, « un véritable traumatisme » pour Claude Bartolone, « une image d'horreur » pour Éric Ciotti. Christiane Taubira tweete le lendemain : « Son prénom avait des ailes, son petit cœur a dû battre si fort que les étoiles de mer l'ont emporté sur les rivages de nos consciences. » La lexicologie de l'émotion, celle du ressenti et du *pathos,* devient dès lors omniprésente pendant plusieurs jours dans les interventions publiques ou sur les réseaux sociaux. Quitte à provoquer une forme de surenchère de la douleur dans la course aux mots justes.

Dans les situations particulièrement extrêmes, il est indispensable que la compassion provienne du plus haut échelon du pouvoir. En Angleterre, c'est la reine Elizabeth II qui incarne la solidité et la continuité de l'État au cœur de la pandémie de Covid-19. La rareté de son expression médiatique – le 5 avril 2020, il s'agissait seulement de sa cinquième allocution, hors messages de Noël, en soixante-huit ans de règne –, la concision de son propos – en quatre minutes et trente secondes – et l'appel à l'union et à la résilience ont résonné comme un puissant message d'espoir. Si son intervention est restée d'une extrême sobriété, sans effet théâtral et dépourvue de propos martiaux, l'appel final – « *We'll meet again*[1] », référence à la chanson de Vera Lynn pendant la Seconde Guerre

1. « On se reverra. »

mondiale a pris une valeur émotionnelle et symbolique extrêmement forte. Empathique et rassurante, Elizabeth II a su entrer en communion instantanément avec le peuple anglais mais également avec celui de l'ensemble du Commonwealth, pour faire de son allocution un exemple d'apaisement – à un moment crucial de la crise, et alors que Boris Johnson venait d'être hospitalisé.

Dans l'émergence de l'émotion politique, les différents attentats perpétrés en France ces dernières années occupent une place à part. Ils ont fait apparaître une forme de liturgie républicaine fondée sur l'émotion. Par un ensemble d'actes – les rassemblements et les marches –, de symboles, de paroles et de musiques, la commémoration de ces attentats a créé un cadre particulier dans lequel les citoyens peuvent se reconnecter à leurs dirigeants et aux valeurs de la République. Lors de l'attentat de *Charlie Hebdo*, les dirigeants ont ainsi exprimé leur émotion sans aucune ambiguïté et en dépassant les clivages et les oppositions : « La France a été touchée dans son cœur. Chaque Français aujourd'hui est touché, horrifié » (Manuel Valls), « cet attentat est un acte abject, qui heurte la conscience humaine » (Nicolas Sarkozy), « un carnage abominable et révoltant » (Jean-Christophe Cambadélis), « ils sont morts pour la liberté, ils sont morts pour nous tous, en plein Paris et en 2015. C'est insupportable » (Aurélie Filipetti). Les marches des 10 et 11 janvier, d'ailleurs qualifiées de « marches républicaines », ont ainsi rassemblé près de quatre millions de personnes défilant dans toute la France. De nombreuses marches ont également eu lieu simultanément à l'étranger rassemblant notamment trente mille personnes à Montréal, sous la même bannière « Nous sommes Charlie ». L'émotion met la classe politique au diapason. Dans ce cadre, aucune voix discordante ne peut trouver d'écho. Plus encore qu'un exercice de sincérité, ces séquences de grande émotion sont un exercice de connection à la détresse des Français. Cette capacité de compréhention, d'empathie et de proximité est désormais devenue une qualité indispensable à un chef d'État.

L'émotion et la concorde

L'émotion, quand elle submerge le débat public, est de fait un puissant vecteur de concorde et d'unité politique. Susceptible de créer de véritables trêves, elle est devenue ces dernières années le nouveau métronome du temps politique.

L'incendie de Notre-Dame de Paris avait ainsi suscité une foule de réactions dans le monde entier, notamment de Donald Trump – « C'est l'un des plus beaux trésors du monde […] peut-être plus précieux que n'importe quel musée dans le monde » –, d'Angela Merkel – « Notre-Dame est un symbole de la France et de notre culture européenne », ou du secrétaire général de l'ONU Antonio Guterres qui s'est déclaré « horrifié par les images de l'incendie qui dévaste […] un joyau unique du patrimoine mondial qui règne sur Paris depuis le XIVe siècle ». En France, Anne Hidalgo déclarait ne pas avoir « de mot assez fort pour exprimer la douleur [qu'elle] ressent face à Notre-Dame ravagée par les flammes. Ce soir, tous les Parisiens et Français pleurent cet emblème de notre histoire commune ». Jean-Luc Mélenchon se dit « sidéré » devant un « immense malheur » : « L'incendie de Notre-Dame de Paris poignarde l'esprit de tous. » Bruno le Maire tweete : « Totalement bouleversé par l'incendie de Notre-Dame de Paris : notre histoire millénaire, notre mémoire, notre culture touchées au cœur. » Cette immense vague d'émotion avait provoqué la mise entre parenthèses de la campagne des européennes : « L'heure est venue de dépasser nos querelles de clocher », « personne ne peut nier que tout le monde est atteint, croyant ou pas ». Ce mot de François-Xavier Bellamy, tête de liste Les Républicains aux européennes, acte le premier la suspension de la campagne, avec Jean-Luc Mélenchon qui avait immédiatement appelé sur Twitter à « 24 heures de pause ». Ce sont finalement trois jours blancs qui se seront écoulés avant que les candidats ne reprennent pleinement le cours de leur campagne… sur le thème du patrimoine, de la culture et du mécénat.

Si des émotions positives secouent également le débat public, force est de constater qu'elles sont à la fois plus rares ces dernières années et que leur permanence dans l'opinion est également moins forte. Leur capacité à unir et à réunir n'en est pourtant pas moins efficace. On se souvient ainsi de l'image d'Emmanuel Macron, exultant, debout sur son pupitre, lors de la finale de la coupe du monde de football remportée par la France. Rarement un président était apparu aussi profondément connecté à la joie d'un peuple. Quelques mois après son élection, cette photo d'un président extatique volera presque la vedette aux joueurs en faisant la une de journaux étrangers, notamment en Allemagne, en Espagne et en Italie. Le quotidien espagnol *ABC* écrira ainsi qu'Emmanuel Macron était « l'autre étoile » de cette finale tandis que *La Razón*, autre journal ibérique, titrera même

« Macromundial ». Cette joie explosive et partagée agit également comme une prolongation de la trêve politique qui suit l'élection en permettant au président nouvellement élu de bénéficier pour encore quelques jours ou quelques semaines d'une forme d'immunité politique. L'émotion neutralise ici tout esprit de contradiction, toute velléité de révolte et toute remise en cause potentielle. En cela, elle est évidemment un atout immédiat pour le pouvoir.

L'émotion : nouveau ressort de la décision politique

« Bouleversé par le film *Les Misérables* de Ladj Ly, Emmanuel Macron aurait demandé au gouvernement de trouver des idées pour améliorer les conditions de vie dans les quartiers populaires. » Comme le suggère ce confidentiel du *Journal du Dimanche*[2], l'émotion serait-elle en train de devenir un nouveau mode de conception des politiques publiques ? Les dirigeants politiques doivent-ils également écouter leur cœur et leur sensibilité pour créer les conditions du vivre-ensemble ? Plusieurs exemples récents semblent en tout état de cause suggérer que l'émotion joue un rôle de plus en plus assumé dans la réflexion politique. L'exemple des violences faites aux femmes est ainsi flagrant. Pour ne prendre que deux exemples, c'est le discours d'Adèle Haenel sur les violences faites aux femmes – au cinéma mais pas seulement – créant une onde de choc planétaire qui semble pousser finalement

2. « Emmanuel Macron touché par les Misérables », *Le Journal du Dimanche*, 17 novembre 2019.

la ministre Nicole Belloubet au *mea culpa*. C'est la détresse et l'isolement de Mila qui déclenche l'urgence à légiférer sur l'usage des réseaux sociaux. Ce mouvement n'est pas en lui-même novateur. Depuis de nombreuses années, les faits divers stimulent et aiguillent le processus législatif. Il prend pourtant une portée nouvelle avec les réseaux sociaux qui décuplent la portée de l'émotion et donc la pression sur le législateur.

De façon plus générale, et en choisissant de « diffuser des idées qui en valent la peine », les conférences TEDx surfent également sur ce système de pensée fondé en premier lieu sur l'émotion. En mêlant *storytelling* à l'américaine et démonstration rationnelle, parfois *business plan*, nombre d'entre elles ont donné lieu à des initiatives concrètes au plus haut niveau des États. Le prix TED récompense ainsi chaque année un lauréat qui prononce « un vœu pour changer le monde » – la lexicologie employée ne laissant aucun doute sur la tonalité des discours, et sur leur ultra-personnalisation. Ces interventions brèves, sans note et faisant largement appel au vécu sont conçues avant tout pour inspirer et captiver l'audience. Passer par l'intime, les coups de cœur ou les coups de gueule pour donner à tous envie d'agir. De l'émotion à l'action, plus que jamais il n'y a qu'un pas.

Quand le discours politique relève de la ritualisation symbolique : le poids de l'émotion

Si les dirigeants consentent désormais à se saisir du registre de l'émotion, c'est la scénarisation de cette dernière dans leurs discours qui est désormais essentielle.

L'exemple le plus parlant est sans doute celui des attentats du 13 novembre 2015. François Hollande avait alors pris la parole dans la nuit, avec des sanglots dans la voix, lâchant littéralement les mots : « C'est une horreur. » Plus loin dans son discours, il affirme : « Ce que les terroristes veulent, c'est nous faire peur, nous saisir d'effroi. Il y a effectivement de quoi avoir peur, il y a l'effroi, mais il y a face à l'effroi une nation qui sait se défendre, qui sait mobiliser ses forces, et qui une fois encore saura vaincre les terroristes. » En admettant la peur – la sienne, celle du président et celle des Français, François Hollande brise un important tabou. Son appel à l'unité n'en est que plus puissant. Quelques jours plus tard, devant les maires de France, il évoque les « attentats qui ont ensangloté Paris », lapsus révélateur de la part importante d'émotion et de lâcher-prise dans le discours du président.

La cérémonie d'hommage aux victimes des attentats dans la cour des Invalides a de fait accordé une immense place à l'émotion, mise en scène devant les caméras. La liste des 130 noms, égrenés pendant près de 11 minutes, permettait de mesurer l'ampleur de l'attentat. Plusieurs chants rythmaient également la cérémonie, porteurs d'une charge symbolique forte : « C'est cette musique qui était insupportable [aux terroristes, N.d.A.], c'est cette harmonie qu'ils voulaient casser, briser », a en effet déclaré François Hollande au cours de son discours. « Et comme pour mieux leur répondre, nous multiplierons les chansons, les concerts, les spectacles ». De fait, cette cérémonie incarnait alors le premier acte de cette résistance artistique. François Hollande avait également fait fuiter qu'il avait rédigé seul son discours – comme une preuve affichée de la sincérité de son émotion. Il y décrivait les « 130 vies arrachées, 130 destins fauchés, 130 rires que l'on n'entendra plus, 130 voix qui à jamais se sont tues ».

Le 21 octobre 2020, c'est la cérémonie d'hommage à Samuel Paty, professeur d'histoire assassiné, qui se tient à la Sorbonne à dix-neuf heures, dans la nuit tombante et la cour illuminée. Lors de l'entrée du cercueil, sur les notes de la chanson « One » du groupe U2, les scénaristes alternent les plans larges sur les invités qui encadrent le cercueil et les plans resserrés sur Emmanuel Macron, le visage grave. Le choix de la Sorbonne, qualifiée de « temple de la connaissance et du génie humain », dans le discours d'Emmanuel Macron, est tout sauf anodin. François Hollande s'y était déjà rendu pour effectuer une minute de silence à la mémoire des victimes des attentats du 13 novembre. La consécration de la Sorbonne comme un nouveau lieu de commémoration et comme une alternative aux Invalides, a vocation à célébrer l'esprit français dans un lieu qui véhicule un imaginaire différent, celui de la jeunesse, et qui de fait rencontre un écho peut-être encore plus fort aujourd'hui.

L'émotion comme rempart face à la crise

L'émotion « subie », parce qu'émanant d'un évènement extérieur, est sans aucun doute un puissant vecteur politique. Néanmoins, la diffusion proactive d'une émotion ciblée – et peut-être mieux contrôlée – est également un marqueur du quinquennat d'Emmanuel Macron. À plusieurs reprises, il utilise ainsi la mise en scène de l'émotion comme un rempart aux crises successives qui traversent son quinquennat.

L'entrée au Panthéon de l'écrivain Maurice Genevoix le 11 novembre 2020 a été ainsi une opportunité de faire vibrer la fibre nationale. « De ceux de 14 à ceux d'aujourd'hui, nous, Français, sommes bien vivants », a-t-il ainsi déclaré dans son discours. La valorisation d'une forme de continuité historique et d'un peuple qui a toujours su faire face et se relever face aux crises est évidemment un message très fort qui trouve un écho certain au sein de l'opinion publique. Nul besoin d'être plus explicite : en évoquant longuement le chaos de la Première Guerre mondiale, Emmanuel Macron aborde simultanément, sans avoir besoin de l'expliciter, les crises économiques et sociales qui touchent le pays en 2020. « Dans le chaos, malgré tout, des moments sauvent du désespoir, la vie résiste. » Il se met ainsi en posture de tirer les leçons de l'Histoire tout en faisant passer un puissant message d'optimisme et d'espoir, au cours d'une cérémonie imaginée sur-mesure pour scénariser la résilience.

De l'émotion au sentimentalisme

Il existe une émotion noble en politique. Celle qui raconte les élans d'un peuple face à la crise ou au succès. S'il semble inconcevable de faire de la politique sans vibrer et faire vibrer, la limite du discours d'émotion se trouve sans doute dans le versant sentimentaliste. Lorsque l'émotion confine à une forme de niaiserie et empêche la circulation de la pensée, elle devient un frein à l'action politique.

Dans son essai, *La stratégie de l'émotion*, la journaliste Anne-Cécile Robert décortiquait en 2018 « l'extension du domaine de la larme » qui contaminait aussi bien les médias que les discours politiques en versant dans une forme de sensiblerie exacerbée. Quatre ans plus tard, le constat est toujours vrai. Entraînés dans une forme de concurrence émotionnelle, les dirigeants politiques ont amplifié leur tendance à faire primer le registre émotionnel sur la qualité de leur réflexion et de leurs propositions. Anne-Cécile Robert y écrit également que la victime est le nouveau héros de notre époque. Pendant des siècles, notre civilisation a porté aux nues des héros ayant permis de grandes victoires, d'importants progrès ou de nouvelles conquêtes. Aujourd'hui, elle valorise les victimes impuissantes devant leur destin. Ce constat fait évidemment écho à la grande interview d'Emmanuel Macron dans *L'Express* en décembre 2020. Il y déclare que nous sommes entrés « dans une société de l'émotion permanente et donc de l'abolition de toute acceptation de la complexité », dans laquelle « la victime a raison sur tout ».

L'exemple du vaccin AstraZeneca est à ce titre un cas d'école. Suspendu dans de nombreux pays européens, dont la France, suite à des cas graves de thrombose, le refus de ce vaccin par la population européenne demeure très émotionnel. L'importance de la vague d'émotion générée par les médias et en particulier par les réseaux sociaux a largement contribué à cette perception surdimensionnée du risque. L'éditorialiste Nicolas Beytout résume parfaitement ce sujet en évoquant cette « démocratie émotionnelle qui confisque le pouvoir au politique pour le confier à cette partie du cerveau qui ne réfléchit pas mais réagit ».

Les dérives de l'émotion dans l'action politique apparaissent aujourd'hui évidentes, mais semblent difficiles à endiguer. Ces dérives apparaissent cependant comme un risque mesuré face à celui de la déshumanisation de la politique. L'émotion n'est pas étrangère à la politique et ne peut pas l'être. En nourrissant le lien humain, elle est plus que jamais au fondement de la vie de la Cité.

7.
L'envol de l'oiseau bleu

Le récit politique sur les ailes de Twitter

Il apparait au milieu des cartes postales azuréennes que je fais défiler sur Instagram. Emmanuel Macron. C'est l'été 2021, il est à Brégançon, on reconnaît sans peine derrière lui les murs de l'ancien fort et l'extrême sobriété des meubles dépareillés. Il publie chaque jour une à deux vidéos, filmées en format selfie, dans lesquelles il répond à une question sur le vaccin. Le visage bronzé, souvent en tee-shirt, il s'exprime sur un média digital dont le succès repose sur la valorisation de l'image. Il apparaît au milieu des clichés parfaits, subtilement retouchés, des corps édifiants et des criques ravissantes pour expliquer, rassurer et préparer les esprits. Au cœur de la première semaine d'août, et alors que les vacanciers délaissent pour un temps les médias traditionnels, la parole d'Emmanuel Macron émerge à l'endroit où on l'attendait le moins. Un média d'image bien plus que de fond est-il véritablement le lieu adéquat pour la parole d'un président au cœur de la crise sanitaire? C'est en tout cas le lieu où sa parole porte : Instagram est sans conteste un réseau social plébiscité durant cette période de l'année. Mais c'est aussi cette stratégie qui porte loin : l'effet de surprise est tel que ces vidéos sont abondamment relayées par les médias traditionnels. Une porosité immédiate, suscitée par le besoin pour les commentateurs d'analyser la forme, mais qui permet bien évidemment de donner également une importante visibilité à la campagne vaccinale qui était au coeur de son propos.

Le tweet, la tribune LinkedIn, le post Facebook, et la story Instagram sont aujourd'hui devenus des genres à part entière du discours politique. En cela, leur analyse a toute sa place dans une réflexion globale sur la parole publique. Un lent basculement est en effet en train de s'opérer, transformant le contenu des réseaux sociaux. Si les posts avaient auparavant comme unique objectif la simplification du discours, ils sont aujourd'hui élaborés pour atteindre et engager des communautés spécifiques. Évidemment, si la stratégie digitale du gouvernement et des candidats à l'élection présidentielle en France reste bien loin des manœuvres américaines, les réseaux sociaux jouent désormais un rôle prépondérant dans la vie démocratique française et sont un levier majeur dans la course à la présidentielle.

Le pouvoir de l'audience

La course aux followers, aux likes, aux retweets est devenue chez les dirigeants politiques un objectif stratégique de campagne, au même titre que les adhésions à leur parti. C'est également un outil d'influence d'un nouveau genre dans la compétition interne que se livrent les membres d'une même famille politique. Pour cela, ils sont nombreux à se faire accompagner par des influenceurs qui sont aujourd'hui devenus des pivots essentiels au sein des équipes de campagne. En travaillant main dans la main avec les plumes, les directeurs de programme et les agences évènementielles, ils sont les courroies de transmissions qui permettent de faire rayonner les candidatures. Leur rôle va aujourd'hui bien au-delà de celui d'ambassadeur de marque : l'influenceur est devenu un stratège incontournable pour capter et captiver de nouvelles communautés.

En accompagnant le candidat à la fois sur la tonalité des vidéos, leur format et sur les usages (appel aux partages et aux likes), le youtubeur indépendant s'est mué en consultant politique. Jean-Luc Mélenchon s'est ainsi entouré du youtubeur Antoine Léaument, aux manettes de la chaîne « Le Bon Sens » et grâce auquel il a atteint plus de 600 000 abonnés. Mais même bien conseillés, les dirigeants politiques restent souvent peu aguerris aux codes digitaux. Et le besoin de contrôle prend souvent le pas sur la spontanéité qui fait la réussite de la vidéo. Florian Philippot a ainsi essuyé de nombreuses railleries après le lancement manqué de sa propre chaîne Youtube, dans laquelle il souhaitait montrer les coulisses de la campagne depuis le quartier général du Front National. Trop cadrées, ces vidéos ont été majoritairement jugées trop peu authentiques par les internautes : le prix apparaît encore sur le mug orange assorti au réfrigérateur qui apparaît en arrière-plan et le script semble mal exécuté, surtout lorsque

Florian Philippot est surpris à boire à plusieurs reprises… dans une tasse manifestement vide. L'enregistrement apparaît d'ailleurs dans le documentaire *La Cravate* réalisé par Étienne Chaillou et Mathias Théry, dans lequel on suit l'ascension d'un jeune militant du Front National qui participe activement – mais avec une réussite mesurée – à la communication locale puis nationale du parti.

La maîtrise des réseaux sociaux revêt évidemment une importance particulière lors des campagnes présidentielles. S'entourer d'influenceurs chevronnés paraît à ce titre désormais indispensable pour les candidats à l'élection présidentielle. La campagne de 2012 marque en cela un réel tournant dans la prise en compte des stratégies digitales dans la campagne présidentielle. Dans ce contexte, François Hollande avait en partie remporté l'élection en réussissant à fédérer derrière lui d'importantes communautés Twitter, tandis que Nicolas Sarkozy avait choisi de cibler des communautés de militants sur Facebook et d'en faire son principal réseau social de campagne.

Twitter ou Facebook : le choix de mettre l'accent sur un de ces réseaux est en effet tout sauf anodin. Socialement et géographiquement, les deux communautés sont évidemment très contrastées. Les contenus ne sont également pas les mêmes, plutôt dédiés à l'instantanéité sur Twitter et répondant à une exigence d'échanges sur le temps long sur Facebook. La doctrine affichée est également très différente depuis 2019 concernant les messages politiques : Twitter a pris le parti de bannir les publicités politiques, considérant que la portée d'un message politique doit « se mériter » – c'est-à-dire être corrélée au nombre d'abonnés et de retweets – et non « s'acheter » dans le cadre des tweets sponsorisés. Facebook, au contraire, s'y refuse au nom de la liberté d'expression, même si les dirigeants politiques décident de véhiculer des contre-vérités ou des *fake news*. Depuis l'élection américaine de 2020, les étiquettes de *fact-checking* se sont multipliées afin de limiter la propagation de messages erronés ou dangereux. C'est également le cas sur les contenus relatifs à la Covid-19 depuis plusieurs mois. Dans ce contexte, le choix de la plateforme relève également de la ligne éthique du candidat et de son parti.

Dès 2017, la présidence d'Emmanuel Macron est marquée par un engagement très fort sur ces deux réseaux. Son élection le 7 mai engendre 2 millions de messages – avec au plus haut pic 108 tweets publiés par seconde. Le 2 juin, son tweet « *Make our planet great again* » en réponse à Donald Trump est retweeté près de 240 000 fois. En octobre 2020, il est à nouveau en tête des *trending topics* lorsqu'il tweete pour souligner l'unité de la France « *We are one* » face à l'appel au boycott des produits français dans le monde musulman. Ces posts et ces séquences ne sont pas sans rappeler ceux qui avaient rythmé la campagne et la présidence de Barack Obama, constituées d'images fortes et de slogans fédérateurs. Emmanuel Macron cherche à conserver également la spontanéité qui a fait le succès de ses premiers posts : selfie devant son équipe de campagne au grand complet après son élection, vidéo virale avec Arnold Schwarzenegger dans les jardins de l'Élysée. Les réseaux sociaux sont, sous son quinquennat, à la fois un relai du discours quotidien et un exhausteur de séquences ponctuelles. Ils sont utilisés comme des plateformes institutionnelles tout en conservant – notamment sur Instagram – la spontanéité qui est leur raison d'être. Ils constituent enfin un baromètre de plus en plus fiable : à quelques semaines du premier tour des primaires de la droite, le nombre de followers de François Fillon sur Facebook avait doublé celui d'Alain Juppé. Un signal faible qui s'était concrétisé dans les urnes. De là à ce que le résultat de la présidentielle 2022 soit lisible entre les tweets, il n'y a qu'un pas.

Simplification ou simplisme : les périls du discours en 280 signes?

Sur les réseaux sociaux, la complexité n'a longtemps trouvé aucune résonance. Et certains diront sans doute : et aucune audience. Sur Twitter, le nombre de signes, longtemps limité à 140 avant d'être étendu à 280, constitue une limite certaine à la pensée complexe. Sur Facebook, l'audience se prête moins à la démonstration qu'à la mobilisation. Instagram et TikTok font quant à eux la part belle à l'image et à la vidéo et surtout au contenu éphémère. Sur Twitch et Clubhouse, c'est l'interaction spontanée et sans filtre qui prédomine. L'animateur Samuel Étienne avait créé la surprise en invitant tour à tour François Hollande et Jean Castex pour un échange avec sa communauté Twitch. Mais la rentrée 2021 ne semble pas lui permettre de renouveler son casting. Sur Clubhouse, média 100 % audio accessible uniquement sur cooptation, Cédric O avait ainsi invité les utilisateurs à rejoindre sa salle de conversation vocale pour un échange à la fois plus libre sur le fond, mais aussi non contraint par le temps. Au-delà en effet de la tonalité plus décontractée, ce sont ces formats longs qui sont désormais très appréciés par les auditeurs.

De fait, le digital a ainsi longtemps fait rimer ses contenus avec une forme de simplification. Parler plus directement, plus concrètement, plus visuellement. La parole sur ces médias ne répondait pas seulement à une exigence de clarté et de concret, elle se devait également d'être plus opérationnelle et si possible plus ludique. En cela, elle demandait aux dirigeants politiques un réel effort d'adaptation pour s'approprier des codes qui leur étaient jusque-là étrangers. Cet usage a peu à peu mis à jour des limites évidentes : le discours politique, dans toutes ses subtilités et ses nuances, dans ses développements et ses abstractions, ne résistait pas au filtre des réseaux sociaux. Pire, il était réduit à des principes manichéens et abstraits, sans aucun espace pour les expliciter. François Fillon lors de la campagne de 2017 postait ainsi sur Twitter : « Je suis le seul candidat qui propose aux jeunes un avenir, un travail, la liberté et l'indépendance. » Un tweet à la fois sommaire et sentencieux, relevant presque du slogan, et inopérant pour résumer son programme pour la jeunesse.

Peu d'hommes politiques à ce jour sont parvenus à exceller dans l'art de la simplification programmatique sans rien céder à la tentation du simplisme. Aux États-Unis, les messages de campagne des candidats sur les réseaux sociaux sont adaptés aux thèmes les plus abordés sur les moteurs de recherche. L'objectif est ainsi de créer une adéquation entre les promesses de campagne et les sujets qui montent afin de maximiser ainsi la viralité des posts et l'audience. Le logiciel *NationBuilder* avait également permis d'aller plus loin durant la campagne de Barack Obama en facilitant le profilage de l'ensemble des électeurs américains. Il était ainsi potentiellement possible de s'adresser à chaque citoyen en tenant compte de ses attentes ou de ses caractéristiques géographiques ou sociales. En France, même si la transition est plus lente et l'accès à ce type de données souvent impossible, le récit politique reprend pourtant peu à peu ses droits dans la stratégie digitale des candidats.

Tout d'abord, la communication sur les réseaux sociaux permet instantanément de créer un récit positif autour de la communication du gouvernement. Les efforts mis en œuvre par différents acteurs de la majorité pour créer des contenus plus innovants, plus interactifs et plus différenciants sont toujours unanimement salués par les médias et les commentateurs du débat public, quel que soit le message.

Ensuite, le récit politique lui-même trouve progressivement ses marques sur les canaux digitaux. Un récit politique qui a de nouvelles caractéristiques. Il est ainsi plus rythmé – en cherchant à tout prix à réagir dans l'instant aux évènements et à en donner une lecture originale et une mise en perspective. C'est ce rythme qui permet sa viralité et la circulation des idées. Il est ensuite beaucoup plus « cash », écrit pour créer la surprise, susciter l'émotion et donc l'engagement des utilisateurs. Enfin, la création de la fonction retweet en 2009 a créé une forme de tyrannie de la réaction. Si initialement, les dirigeants politiques utilisaient Twitter pour diffuser et faire circuler leurs communiqués de presse, les voilà désormais tenus, pour demeurer aux premières places des classements d'influence, de réagir et de commenter les trending topics remontés par Twitter. En cela, le discours politique ne devient pas seulement descendant – du dirigeant aux Français, mais ascendant puisque les sujets abordés sont mis en avant en premier lieu par les utilisateurs. Le risque est évidemment celui d'un discours opportuniste et passif, perçu comme une réaction obligée, et non comme une réflexion proactive. Le #ToucheпasRaoult a ainsi atteint 60 000 retweets durant l'été 2021, notamment grâce à l'action de Florian Philippot, président du parti Les Patriotes, qui invitait ses followers à en faire un *trending topic*. C'est sans conteste en partie cette très forte visibilité avait ainsi contraint Olivier Véran à prendre la parole et à justifier l'éviction du professeur de médecine marseillais.

Porosité médiatique : un bilan en demi-teinte

Twitter comme Facebook bénéficient d'une audience qui dépasse largement leur nombre d'utilisateurs. En effet, les tweets et les posts publiés font presque systématiquement l'objet de reprises par les médias traditionnels, tout en conservant leur touche de spontanéité et de sincérité.

L'exemple de #SaccageParis est ainsi particulièrement éclairant. Nés sur les réseaux sociaux, sur le compte Twitter @PanamePropre créé par un Parisien anonyme, les contenus ont très vite réuni plus de cent mille personnes. Loin d'être cantonnés aux seuls réseaux sociaux des Parisiens, les photos et les posts ont été abondamment repris par les médias traditionnels à l'échelle nationale. C'est cette porosité entre nouveaux médias et médias traditionnels qui crée une forte contagiosité de la colère et donne systématiquement aux tensions d'image toute leur ampleur. Face à cette crise digitale sans précédent transposée dans le champ physique par des manifestations sur la place de l'Hôtel-de-Ville, la maire de Paris a été contrainte d'opérer un rétropédalage sur ses choix de mobilier urbain et de justifier les mesures mises en œuvre pour assurer la propreté de la capitale. Le discours politique est ici uniquement audible en réactif – dans une triple tentative d'apaisement, de justification et de proposition pour l'équipe d'Anne Hidalgo. Cette réaction passera d'ailleurs plutôt par les médias traditionnels et interviendra à l'échelle nationale – au travers de longues interviews sur RTL ou BFM –, preuve de la viralité de la crise.

Pourtant, cette porosité spontanée n'est pas toujours la norme. Il est également courant que médias traditionnels et codes digitaux s'entrechoquent, au détriment de la portée du discours politique. L'interview d'Emmanuel Macron dans le média Brut le 4 décembre 2020 est de ce point de vue un cas d'école. L'objectif était sans aucun doute de conquérir un public jeune, qui a tendance à se détourner des médias traditionnels. En termes d'audience, l'exercice est un succès : l'interview sera visionnée par plus de sept millions de personnes et 50 % des 15-34 ans en France. Sur la forme pourtant, la ligne choisie par Emmanuel Macron ne diffère pas de celle qu'il aurait pu construire pour préparer un JT traditionnel. Certes le format est plus long, l'interview est en direct et se déroule dans une salle commune, l'échange est sans nul doute plus décontracté que sur un plateau traditionnel, mais aucune rupture réelle avec le style présidentiel n'est volontairement créée. Tout l'enjeu en choisissant de s'exprimer sur un nouveau média est d'en adopter les codes et la tonalité. En calquant le discours présidentiel sur un média inhabituel, cette séquence les dénature tous deux.

Certains vont encore plus loin dans l'entremêlement des codes médiatiques, à l'image du maire de Grenoble Éric Piolle qui a choisi de partager durant l'été 2021 des séquences vidéo sur Instagram sur lesquelles il répond en direct aux questions de journalistes de RTL dans son jardin. Un moyen de brouiller encore les lignes entre médias traditionnels et plateformes digitales quitte à ce que l'efficacité du message soit largement amoindrie.

Le *diktat* du remplissage permanent : de l'homme public à l'homme hyper-public

Les réseaux sociaux ne supportent pas le vide. Dans un contexte où les comptes doivent être alimentés régulièrement pour rester attractifs, les dirigeants sont confrontés à un risque nouveau : celui de disparaître s'ils ne créent pas assez de contenu pour leur communauté. Dès lors, il s'agit d'occuper la scène digitale en permanence, y compris sans actualité et sans annonce. L'homme public est entré dans une nouvelle ère, celui de l'homme hyper-public, qui ne doit pas seulement faire-savoir ce qu'il met en œuvre ou ce qu'il pense, mais exister en permanence, en tant que tel, sur les réseaux qu'il a choisis. Ses followers ne viennent plus chercher des informations ou une expertise mais une proximité immédiate et continue avec les dirigeants. C'est donc en exposant leur quotidien, et en donnant accès directement à leur parole – à travers des live, des chats, des questions-réponses – que se crée cette relation si particulière qui fait aujourd'hui le sel des réseaux sociaux. Il s'agit donc de faire preuve de fantaisie et de sincérité pour partager les clichés ou les pensées qui vont permettre de sceller un lien unique entre un dirigeant et sa communauté.

Ce *diktat* du remplissage permanent connaît deux importantes limites. Tout d'abord, celle de la superficialité des contenus conçus pour faire le lien entre deux informations substantielles : réaction consensuelle sur une actualité sans intérêt, mise en avant surdimensionnée d'un évènement ou d'une information.

Ensuite, celle du dérapage, souvent lié au décalage entre un contenu et l'état du débat public. Parmi ces exemples, celui du compte d'Anne Hidalgo, qui, en pleine manifestation des Gilets Jaunes, invite à « admirer les superbes illuminations de Noël sur les Champs-Élysées » est particulièrement éloquent. Programmée à l'avance par son *community manager*, la publication du tweet n'avait pas été annulée. Lorsque la peur du vide mène à l'erreur politique, le piège des réseaux sociaux se referme.

Vers l'émergence d'influenceurs d'État ?

La stratégie digitale de l'État s'est pour autant particulièrement étoffée durant la deuxième partie du quinquennat. Dans un premier temps, c'était Gabriel Attal, principal *digital-native* du gouvernement, qui avait à cœur de proposer des nouveaux formats sur Twitter, Instagram et même TikTok. Avec 50 millions d'utilisateurs actifs sur tous les réseaux confondus, il s'agit d'aller chercher les communautés une par une, et chacune avec les contenus et les outils qui leur sont propres. Le principe même de l'influence, c'est de ne pas sentir que l'on est influencé : dès lors les contenus sur lesquels l'utilisateur tombe en « scrollant », par hasard, sont des mines d'or. Ils sont lus, écoutés ou visionnés sans recul et méfiance. Par ailleurs, les influenceurs ont également conquis une place nouvelle sur les réseaux sociaux. Au rôle d'animation de la communauté et de divertissement, s'ajoute désormais celui de l'information. Les appels au don, à se faire vacciner ou à porter le masque lors de la crise de la Covid-19 se sont ainsi multipliés sur les réseaux sociaux, portés par des personnalités comme Chiara Ferragni (25 millions d'abonnés sur Instagram) ou EnjoyPhoenix (5 millions d'abonnés sur Instagram).

Lors du lancement du Service National Universel, Gabriel Attal, alors secrétaire d'État à la Jeunesse, a lui aussi misé sur ce soft power 5.0 en faisant appel à de nombreux influenceurs pour relayer l'expérience comme EnzoTaisToi ou SundyJules. Les images de TiboInShape en Guyane avec Gabriel Attal avaient ainsi généré près de 2 millions de vues. Certaines collaborations sont affichées explicitement par les influenceurs, d'autres demeurent plus ambiguës. Aucun doute pourtant sur le fait que bon nombre d'entre elles ont donné lieu à une rémunération de l'influenceur par l'État. Le sujet reste pourtant à ce stade tabou. Lever le voile sur la dimension financière de ce type de partenariat reviendrait en effet à décrédibiliser les influenceurs et à acter le fait que l'État achète l'accès à leurs communautés. Gageons pourtant que les jeunes ne sont pas dupes ce qui ne les empêche pas de plébisciter le format de ces vidéos.

Emmanuel Macron s'est également, de façon directe, appuyé sur certains influenceurs pour atteindre une jeunesse qui lui échappe. Le 23 mai 2021, les influenceurs McFly et Carlito sont ainsi invités à l'Elysée pour organiser un concours d'anecdotes avec le président de la République. En 24 heures, la vidéo affiche 7 millions de vues. Le chef de l'État est à l'aise, impressionne ses hôtes en appelant le footballeur Kylian Mbappé, use d'un vocabulaire relâché, proche de celui de ses interlocuteurs : « vous êtes des détraqués ». Le résultat est une vidéo de 36 minutes qui montre un échange fluide et un président manifestement libéré du corset de sa fonction.

Cette opération sera renouvelée avec peut-être moins de spontanéité lors de la cérémonie du 14 juillet. La vidéo des influenceurs McFly et Carlito embarquant dans les Mirages 2000 donne à voir une image extrêmement lissée et contrôlée de l'armée de l'air. Les plans réalisés et les séquences choisies apparaissent extrêmement cadrés et choisis pour être très valorisants pour le ministère des Armées. Cette fois, aucun partenariat n'est explicitement mentionné, mais nul doute sur le fait que le service de communication des armées a donné des directives très claires sur la réalisation et les objectifs de la vidéo.

Les influenceurs sont devenus de nouveaux alliés de la communication publique mais ne doivent à aucun titre devenir les porte-parole du gouvernement. Leur audience et la confiance qu'ils inspirent à leur communauté en font aujourd'hui des relais puissants, des porte-voix de fait. Néanmoins, la question qui doit être soulevée est celle de la pérennité de cette collaboration – souvent peu subtile.

Un influenceur influencé par l'État se révélerait en effet hors d'usage.

Le discours politique prend-il désormais de la hauteur sur les ailes de Twitter ? Il n'est en tout cas plus seulement le reliquat du discours, la parole légère parce qu'instantanée qu'on a longtemps suggéré. En intégrant de nouveaux médias, l'homme politique a également inventé de nouveaux messages. Leur audience et leur portée sont aujourd'hui presque infinies.

8.
En vrai et contre tout

La théorie de la relativité appliquée à l'expression de la vérité

Le mensonge est à la fois un des vices d'origine et un outil du quotidien de la pratique politique. Petits mensonges personnels et grands mensonges d'État côtoient ainsi chaque ligne de l'histoire politique française. Leur présence est connue de tous, et pourtant leur exposition n'est admise de personne. Si le mensonge reste caché, le funambule continue à avancer. Le mensonge, lorsqu'il est révélé, devient en revanche une lame tranchante qui coupe net le fil sur lequel il était en équilibre. Aucun funambule n'est jamais remonté sur un fil coupé.

Alors que la politique est parfois aussi l'art de ménager le vrai et le faux en fonction des circonstances, comment s'adapte aujourd'hui la parole publique à la société de la transparence et du *fact-checking* ? Comment faire cohabiter la légèreté française et le protestantisme américain qui infuse fortement dans la vie publique pour tenter de moraliser la politique ?

Un rapport fluctuant à la vérité

Je me souviens d'un media-training d'hiver. Les projecteurs étaient braqués sur un homme au regard très franc, et nous avions tous très chaud sous nos vestes. Il s'agissait de l'entraîner pour la matinale d'une grande radio. Les questions s'enchaînaient jusqu'à ce que tout à coup, il lève la main, sortant *de facto* de l'interview. « Et je ne peux pas mentir un peu ? » Il était membre du comex d'une entreprise, il n'avait pas peur de l'exercice, ses mots ne tremblaient pas. Nous avons coupé la caméra. Quand vous affirmez un mensonge, vous tombez dans une spirale dont il est impossible de sortir. Le mensonge définira et colorera désormais votre discours et votre expression. Il ne sera peut-être jamais découvert, mais vous devrez habiter ce mensonge. Il y avait eu un silence. Il avait repris l'exercice.

La tentation du mensonge nous traverse tous. En politique, elle est peut-être encore plus forte. Le mensonge prolifère aujourd'hui dans les discours de tous à travers les euphémisations, les glissements sémantiques, les approximations. De petits arrangements avec la vérité considérés comme plus valorisants. Mais il est arrivé récemment qu'il soit aussi beaucoup plus frontal et frondeur. Dès lors, sa révélation dans l'espace public suit un même schéma mortifère : on se cache, on crie et on se couche, pour ne plus se relever.

On se cache, on crie, on se couche : le *pattern* du mensonge

On se cache et on cache l'objet de sa faute. La révélation d'un mensonge est un évènement largement amplifié dans la sphère politique, alors que les dirigeants institutionnels ont un devoir d'exemplarité. La révélation de la faute est ainsi non seulement publique, mais elle est également ultra-médiatisée et ultra-commentée. La blessure occasionnée est systématiquement très grave, elle peut même souvent s'avérer mortelle pour son protagoniste. Le « cache » explique le « crie ». Tout l'objet des deux premières étapes et de ne jamais arriver à la troisième. Et peut-être cela réussit-il assez souvent ! Nous l'ignorons évidemment. Le « crie » est évidemment une façon de répondre à l'attaque par l'attaque. De faire valoir ses arguments avec force, pour convaincre ses adversaires ou les forcer à abandonner. C'est affirmer avec force son innocence, de façon publique et s'insurger contre l'injustice qui est faite. Se coucher revient à finalement reconnaître son mensonge. C'est un effondrement politique et humain, la chute, souvent en direct dans les médias, d'une femme ou d'un homme.

Du mensonge persistant à l'aveu, le tsunami Cahuzac

« J'avais une part d'ombre qui est aujourd'hui en pleine lumière. » L'affaire Cahuzac est une de celle qui concentre tous les ingrédients du tsunami politique : le mensonge persistant, l'aveu public, l'exercice de repentance. Enferré dans le mensonge, le ministre de gauche qui fait la guerre aux exilés fiscaux tente d'oublier le jeune chirurgien flambeur qu'il a été. La stratégie du mensonge obstiné était sans doute la pire voie à choisir : c'est du ministre menteur que l'on souvient aujourd'hui, bien que plus que du fraudeur.

Après avoir tenté d'euphémiser les faits qui lui étaient reprochés – « c'est une plaisanterie », au micro de RTL le 5 décembre – puis démenti fermement face à l'Assemblée Nationale – « Je démens catégoriquement les allégations contenues sur le site Mediapart. Je n'ai pas, je n'ai jamais eu de compte à l'étranger, ni maintenant, ni avant » – et au micro de Jean-Jacques Bourdin – « Je n'ai pas, je n'ai jamais eu de compte en Suisse, à aucun moment, et la réponse apportée aux autorités françaises par la Suisse permettra, je l'espère, très vite, et le plus vite serait le mieux, d'en finir, avec ces saletés » –, Jérôme Cahuzac passera finalement aux aveux. Il publiera sur son blog une longue lettre dans laquelle il demande pardon au président de la République, au gouvernement et aux Français. Il ajoutera également les lignes suivantes : « J'ai mené une lutte intérieure taraudante pour tenter de résoudre le conflit entre le devoir de vérité auquel j'ai manqué et le souci de remplir les missions qui m'ont été confiées et notamment la dernière que je n'ai pu mener à bien. J'ai été pris dans une spirale du mensonge et m'y suis fourvoyé. Je suis dévasté par le remords. »

À des journalistes de *Libération* quelques semaines auparavant, il avouait avoir peur de se prendre « un caramel », ces plaquages particulièrement violents au rugby dont on ne se relève pas. Le lâchage politique et le lynchage médiatique qui s'ensuivront lui donneront raison.

Plusieurs éléments de langage récurrents sont en effet ceux de l'extrême solitude : « C'est la faute d'un Homme » ce qui équivaut à dire qu'elle ne doit pas incriminer le gouvernement et le président de la République. La formule de « faute morale » avait également particulièrement marqué les esprits. Accompagné, tout comme Dominique Strauss-Kahn, par la communicante Anne Hommel, Jérôme Cahuzac place ainsi, tout comme le président du FMI, le débat sur le plan des valeurs et de la contrition. Cette formule sera toutefois reprise avec plus de sévérité par le communiqué de l'Élysée qui pointe une rupture impardonnable de l'éthique : « Le Président prend acte avec grande sévérité des aveux de Jérôme Cahuzac devant les juges d'instruction concernant la détention d'un compte bancaire à l'étranger [...]. C'est désormais à la justice d'en tirer les conséquences en toute indépendance. En niant l'existence de ce compte devant les plus hautes autorités du pays ainsi que devant la représentation nationale, il a commis une impardonnable faute morale. Pour un responsable politique, deux vertus s'imposent : l'exemplarité et la vérité. » La primauté de ces deux piliers de la vie publique donnera lieu à la création du parquet national financier (PNF) et de la Haute autorité pour la transparence de la vie publique (HATVP). Un office central de lutte contre la corruption et les infractions financières et fiscales sera également créé au sein de la police judiciaire.

L'affaire Cahuzac réunit tous les éléments du mensonge politique, de sa persistance à son aveu. Les tonalités de son discours sont successivement celles de l'assurance bravache, du doute et du désespoir. Le nombre très important de ses interventions publiques et dans les médias permet de retracer, mots après mots, les changements de stratégie et les séquences successives qui ont marqué cette affaire. Un cas d'école qui conduira à un changement de paradigme dans le contrôle des intérêts des hommes politiques.

Affaire Fillon : la mise en examen de l'exemplarité

Tout comme l'affaire Cahuzac, l'affaire Fillon a eu un impact significatif dans les esprits en grande partie en raison de l'engagement très fort de l'un comme de l'autre dans le processus de moralisation de la vie publique. À l'heure où j'écris ces lignes, le procès en appel est sur le point de débuter.

Cette affaire met en lumière une forme de distorsion temporelle à la vérité : ce qui se joue, c'est finalement une lutte entre plusieurs vérités alternatives. La sienne, celle d'un homme qui, comme beaucoup d'autres, décide d'embaucher des personnes de sa famille aux frais de l'État pour l'épauler sans que cela ne soit ni dissimulé, ni illégal. Et la vérité d'une époque, celle de 2017, dans laquelle ce genre de pratique est désormais perçue comme abusive.

Interrogé en septembre 2016, quelques jours après son discours estival à Sablé-sur-Sarthe lors duquel il avait prononcé la phrase devenue célèbre « Il ne sert à rien de parler d'autorité quand on n'est pas soi-même irréprochable… Qui imagine un seul instant le général de Gaulle mis en examen ? », le candidat de la droite et du centre expliquait : « Il y a un problème d'abaissement de la morale publique. Il y a un problème d'abaissement du niveau d'éthique dans la vie politique. » Parce que les électeurs voyaient en lui un artisan du renouveau de la confiance dans la vie publique, leur déception est à la hauteur de leurs espoirs.

En commettant là aussi ce qui sera qualifié de « faute morale », sur une période très longue, il doit composer avec une image écornée, à l'opposé de celle qu'il s'est évertué à construire tout au long des primaires et de sa campagne. S'il ne s'agit pas là d'un mensonge direct, c'est évidemment une rupture absolue de confiance. Dès les premières escarmouches portées par le *Canard enchaîné*, François Fillon et ses conseils mettent en place un système de communication de crise. Cependant, sa posture est changeante : dans un premier temps, il adopte celle de la sérénité – en pensant que la démonstration d'une forme d'assurance était une garantie de son honnêteté – avant de choisir une stratégie plus agressive, en poussant son bloc électoral à se mobiliser à ses côtés, contre le gouvernement et les médias. Dans un communiqué, il fait ainsi le choix de mettre en accusation le pouvoir en place, une tentative de diversion pour détourner le regard de sa propre situation : « En tant qu'ancien Premier ministre, en tant qu'élu de la Nation, j'accuse solennellement le Premier ministre et le gouvernement de ne pas assurer les conditions d'un exercice serein de la démocratie. Ils portent une très lourde responsabilité en laissant se développer dans le pays un climat de quasi-guerre civile qui ne peut que profiter aux extrêmes. » Une stratégie qui peut également être qualifiée de jusqu'au-boutiste puisque François Fillon prendra le parti de ne pas se retirer de la course à la présidentielle, en dépit de sa mise en examen.

Le point d'orgue de cette affaire est sans doute l'interview de François Fillon, seul en plateau, qui sera menée par Léa Salamé et Thomas Sotto. Alors qu'il n'avait pas pris la parole depuis près de trois ans, il est l'invité de l'émission « Vous avez la parole » le 30 janvier 2020, à quelques jours de l'ouverture de son procès. François Fillon ne présentera aucune excuse publique mais bien des regrets. De ses mots, son intervention dans cette émission a d'abord vocation à « laver l'honneur de sa femme [...] et à rétablir quelques vérités ».

Le « Penelopegate » acte de façon brutale la domination de la sphère de la morale sur la sphère politique. François Fillon est lui-même un des artisans de ce changement de paradigme en reliant fortement dans sa campagne pour les primaires les questions de morale à celles de « performance politique », et en attaquant largement ses adversaires mis en examen. La comparaison entre le programme exemplaire et le candidat déchu est particulièrement cruelle. La tentative de réparation de son image s'est en effet soldée par un échec cuisant. Les différentes stratégies utilisées – le déni, la minimisation, la contre-attaque, l'action corrective par la déclaration sur les costumes rendus, ou le *mea culpa* – n'ont pas permis d'inverser la charge de l'émotion. Et laissent aujourd'hui l'image d'un dirigeant politique irrémédiablement abîmé, quelle que soit l'issue du procès en appel.

Affaire Thévenoud : la communication grotesque de la « phobie administrative »

Le ministre le plus éphémère de la cinquième République. Seulement neuf jours passés au Commerce extérieur et une marque – déposée à l'INPI – qui lui colle désormais à la peau : la phobie administrative. En 2014, la justice lui reproche de ne pas avoir déclaré ses revenus en 2012 et d'avoir rempli sa déclaration en retard les années précédentes, en dépit des relances et des mises en demeure de l'administration fiscale. Dans un premier temps il tente de requalifier les faits qui lui sont reprochés : « Je ne suis pas un fraudeur, je suis un contribuable négligent. » Mais il finit par confier au *Canard enchaîné* – qui pointait également qu'il n'avait pas payé son loyer depuis plusieurs années – sa « phobie administrative ».

Face à cette trajectoire brutale et douloureuse, l'ancien ministre fait la pari d'une communication de la résilience, sur le temps long. Le 2 juin 2015, il est ainsi en Une de *Libération* avec une photo surprenante : Thomas Thévenoud, le regard sombre, est debout, jambes écartées, les pieds sur les plinthes de chaque côté du mur. Sur Canal +, il explique ainsi : « C'est le photographe qui a choisi cette pose, ce n'est pas de la communication politique. Je vois dans cette photo l'histoire d'un homme qui cherche son équilibre, en suspens dans une Assemblée nationale en travaux. »

Plus tard, en juin 2019, alors qu'il vient de prendre la tête du magazine *Charles*, il tient une ligne fondée sur l'humilité et l'endurance : « La phobie administrative n'est pas une pathologie reconnue. C'est une expression qui peut-être restera mais qui dit quelque chose. J'étais organisé dans mon travail, sinon je n'aurais pas été nommé au gouvernement. Beaucoup de gens peuvent être très forts sur certains aspects,et avoir des faiblesses sur d'autres… Et quand on rate une marche, on dit plus de son humanité que quand on monte les marches quatre à quatre. Enfin, l'humanité c'est aussi la capacité à se relever quand on a trébuché comme moi. En France, la culture de l'excellence, du diplôme, du concours, ne laisse guère de place pour l'échec.[1] » Et affiche une reconversion professionnelle réussie contre toute attente. Cette communication de la reconstruction semble ainsi, sur le long-terme, pouvoir porter ses fruits.

Le discours politique, même bien maîtrisé, même écrit par les meilleures plumes et conçu par les meilleurs stratèges reste une matière instable que le mensonge rend hautement inflammable. Mais les mots de la probité ou ceux du repentir ne peuvent plus rien pour vous une fois que le mensonge a été divulgué. Le fil est définitivement coupé.

Le mensonge est aujourd'hui traqué tout au long de la vie politique des élus. Il est sans doute le péché capital par excellence pour un homme politique. C'est pourquoi son déni a pris une place particulière dans les discours politiques. Il s'agit sans doute de l'exercice de conviction le plus complexe à réaliser pour un dirigeant, et peu d'entre eux se sont montrés à la hauteur de l'exercice. Quelles que soient la puissance et l'authenticité des mots employés – comme ceux de Jérôme Cahuzac : « je suis dévasté par le remords » –, la scénarisation choisie – François Fillon seul en plateau – ou les contre-feux allumés – le dépôt par Thomas Thévenoud de la marque « phobie administrative » à l'INPI, dans une tentative de dédramatisation assumée –, difficile de dissocier l'homme du mensonge.

1. « Thomas Thevenoud, consultant, homme de presse (ex-Secrétaire d'État) », *Le Nouvel Économiste*, 28 juin 2019.

Mensonges d'État

L'onde de choc de certains mensonges d'État ont largement entamé ce que Pierre Ronsavallon appelle la démocratie de la confiance. La question du secret médical est ainsi particulièrement sensible quand elle a trait à nos présidents. Les Français n'ont appris la nature du mal dont souffrait Georges Pompidou – et donc compris ses conséquences exactes sur la capacité du président à gouverner – qu'après sa mort. Devant l'émotion suscitée par ce mensonge, Valéry Giscard d'Estaing s'engagera à rendre public deux bulletins de santé par an, une promesse vite oubliée après son élection. François Mitterrand réhabilitera cette pratique… en choisissant de publier des bulletins laconiques qui ne laissent rien paraître de la maladie du président. Alors qu'il est atteint d'un cancer de la prostate dès le début de son premier septennat, il faudra attendre 1992 pour qu'il en informe l'opinion. Onze ans de mensonge, de bulletins falsifiés, de noms d'emprunts pour passer des radios à l'hôpital.

Un mensonge douloureux, porté sans aucun doute pour garantir la stabilité de l'État contre vents et marées. Mais un mensonge qui a eu des répercussions réelles sur la vie politique et démocratique, notamment lors du référendum de 1992 portant sur la ratification du traité de Maastricht. Le débat qui opposa François Mitterrand, alors au plus mal, à Philippe Séguin ne ressemble pas au combat qu'il aurait dû être. Un hôpital de campagne est déployé sur le plateau pendant la coupure publicitaire pour soulager le président. Philippe Seguin, sans aucun doute bouleversé par l'état de santé de François Mitterrand, garde ses attaques dans sa manche, ce qui lui sera abondement reproché par son camp. Évidemment, cette séquence n'est pas seule à l'origine de la victoire du oui. Mais le mensonge n'a évidemment pas permis au débat démocratique de s'exercer dans des conditions normales, permettant aux Français de faire ensuite un choix éclairé.

Le discours politique face aux « *fake news* » et au « *fact-checking* »

Le rapport à la vérité ne tient aujourd'hui plus seulement aux éléments de langage des dirigeants politiques mais aussi aux médias qui les relaient.

La justification du mensonge est ainsi devenue en elle-même un nouveau registre de discours. Un des exemples les plus parlants est celui des « faits alternatifs » (*alternative facts*) défendus par Kellyane Conway, conseillère de Donald Trump. Celui-ci avait ainsi affirmé que « sa cérémonie d'investiture était la plus grande en termes d'audience » et que la pluie avait cessé dès qu'il avait débuté son discours d'inauguration. Deux affirmations contredites par les images.

Les fausses informations existaient bien avant l'ère Trump, mais leur développement a connu une accélération phénoménale pendant son mandat et ses campagnes. En août 2018, soit un an après son élection, le *Washington Post* avait comptabilisé pas moins de 4 229 *fake news* propagées par Donald Trump depuis son investiture. Un phénomène en pleine accélération puisque le même journal en décomptait plus de 20 000 en août 2020. Barack Obama avait ainsi dû composer avec ces méthodes : le mouvement des « birthers », avec Donald Trump à leur tête, avait ainsi affirmé dès 2011 qu'il n'était pas né aux États-Unis. Aujourd'hui encore, près de 40 % des Républicains restent convaincus qu'il est né au Kenya, alors même qu'il a rendu public son acte de naissance. Les mensonges les plus martelés restent ceux liés à la situation économique « *Economy's great*[2] » – alors même que la crise sanitaire entraînait un ralentissement important de la croissance américaine – et à la construction du mur – « *Wall is moving fast*[3] » – bien que la création de nouveaux murs atteigne seulement une vingtaine de kilomètres.

Ce lexique a permis, en posant des mots sur les différentes formes que pouvait revêtir le mensonge politique, de le mettre en lumière de façon frontale. Cette mise en lumière a été suivie de la mise en place d'outils permettant de le détecter. De nombreux médias ont lancé leurs services de *fact-checking*, qu'ils prennent la forme de questions-réponses sur le site de *Libération*, via les pages « Check News » ou du « Décodex » du *Monde* qui permet, en entrant l'adresse d'une page Web, d'indiquer à l'utilisateur si la source d'information est fiable ou non.

L'émergence du *fact-checking* a de fait profondément transformé le discours politique. Jamais il n'aura été observé, analysé et vérifié avec autant de soin. Chaque parti a tout d'abord lancé sa propre plateforme de *fact-checking*. Les jeunes avec Macron s'en servaient en 2017 pour avancer des chiffres et des faits concrets – donc vérifiés

2. L'Économie va bien.

3. Le mur avance vite.

– qui permettaient de valoriser le programme LREM – alors que de nombreux opposants soutenaient qu'Emmanuel Macron en était dépourvu. Toujours en 2017, les équipes de Marine Le Pen avaient également lancé, lors de son passage dans l'Émission politique, une « plateforme de vérification des déclarations de ses interlocuteurs ». En deux heures d'émission, seulement trois messages ont été publiés. Trois messages qui cherchaient plus à créer l'indignation autour des questions de David Pujadas qu'à opérer un *fact-checking* dans les règles. Ainsi, lorsque Marine Le Pen est interrogée sur le salaire de Louis Aliot lorsqu'il était assistant parlementaire de sa compagne, la plateforme publie *illico* la rémunération du présentateur. Lors de la même soirée, les équipes de Jean-Luc Mélenchon ont également lancé un « Observatoire insoumis » qui a pointé tout au long de l'émission les changements de position de la candidate d'extrême-droite, par exemple sur le sujet du nucléaire. Le #Obsinsoumis est ainsi le # le plus associé à l'émission durant la soirée ce qui a permis sans aucun doute d'apporter à Jean-Luc Mélenchon un surcroît de visibilité sur Twitter.

Le discours politique n'a pas trouvé de parade au mensonge. Il s'est en revanche enrichi de références et de formules tendant à montrer, en toutes circonstances, sa probité. Quitte à le vider parfois des fantaisies lexicales ou du franc-parler qui font pourtant le sel des grands discours. Le discours, pour être entendu et écouté, doit d'abord faire la preuve de sa moralité. Alors que dans les fables de La Fontaine la morale apparaît en général à la fin de l'histoire, il semble qu'elle soit aujourd'hui le préambule nécessaire aux discours du XXIe siècle.

Conclusion

En ces premiers jours de 2022, l'équilibre de la parole se fait rare. Rarement une campagne avait concentré dans un même temps autant d'ingrédients inflammables : des candidats clivants et des programmes radicaux, une crise sanitaire en pleine accélération, un président qui doit cumuler mandat national, campagne de réélection et présidence de l'Europe.

J'écoute les mots du président, ceux des candidats, les mots des élus et des parlementaires, ceux des femmes et des hommes de parti. Je vois les formules toutes faites, celles qui s'échappent, celles qui marquent l'Histoire, celles qui blessent ou qui éblouissent. Les paroles qui ne sont pas dites au bon moment, qui ne sont pas entendues ou pas comprises. Celles qui trahissent la peur, la honte et la faute. Celles, aussi, qui font transparaître l'ambition, l'audace, l'arrogance. Les mots qui racontent un programme politique, et ceux qui racontent la femme ou l'homme qui le porte. La politique fait parfois émerger des mots nouveaux, mais souvent elle leur donne surtout un souffle différent.

À l'heure de l'explosion des réseaux sociaux, du *storytelling* permanent, de l'immédiateté et de la fulgurance du langage, prendre la parole est paradoxalement devenu un exercice périlleux, risqué et redouté. Pratiqué par nécessité et finalement rarement réussi.

Un funambulisme de chaque instant, au cœur de notre vie démocratique.

Remerciements

À Florian sans qui ce livre n'aurait pas existé. Merci d'y avoir cru au moins autant que moi.

À mes parents, premiers lecteurs inestimables, et en particulier à ma mère qui a suivi ce projet mot après mot.

À mes grands-parents, Jacques et Andrée. Votre confiance en moi a habité chacune de ces pages.

À Salomé, pour son amitié lumineuse et ses encouragements continus – y compris dans les moments de doute. Merci d'avoir été une relectrice hors pair.

À Jean-Xavier, pour les échanges ininterrompus qui ont grandement nourri ce livre. Merci d'avoir été un *sparring-partner* impitoyable mais juste. Merci aussi de m'avoir soufflé le titre de ce livre.

À mes éditeurs Arnaud et Agnès, pour leur confiance et leurs conseils tout au long de ce chemin d'écriture.

À Matthias qui m'incite depuis sept ans à dépasser chacune de mes limites. Merci de ta confiance.

À Jean-Marie pour ses précieux conseils et nos formidables dîners à l'île de Ré.

À Wissem, challenger exigeant dès les premières lignes !

À Victor et Margot, supporters patients et indéfectibles.

À Alain et Marie pour m'avoir ouvert, étés après étés, les portes de Lubersac où j'ai écrit les premières pages de ce livre.

À Antoine, Arthur, Baptiste, Clémentine, Émilie, Geoffroy, Hugo, Lauriane, Louis, Lucas, Manon et Pierre, amis de la première heure, précieux soutiens à chaque nouvelle aventure depuis près de vingt ans.

Table

IMPRIM'VERT®

Achevé d'imprimer par CPI,
en janvier 2022
N° d'imprimeur : 168347

Dépôt légal : mars 2022

Imprimé en France